Lèxic i Natura en les narracions d´Enric Valor

CATALAN STUDIES IN CULTURE AND LINGUISTICS

Edited by
Antonio Cortijo Ocaña

VOLUME 6

PETER LANG
Berlin - Bruxelles - Chennai - Lausanne - New York - Oxford

Joan de Déu Martines Llinares

Lèxic i Natura en les narracions d'Enric Valor

PETER LANG
Berlin - Bruxelles - Chennai - Lausanne - New York - Oxford

Información bibliográfica publicada por la Deutsche Nationalbibliothek
La Deutsche Nationalbibliothek recoge esta publicación en la Deutsche Nationalbibliografie; los datos bibliográficos detallados están disponibles en Internet en http://dnb.d-nb.de.

Catalogación en publicación de la Biblioteca del Congreso
Para este libro ha sido solicitado un registro en el catálogo CIP de la Biblioteca del Congreso.

This study was done at the Institut Superior d'Investigació Cooperativa IVITRA [ISIC-IVITRA] (Programa per a la Constitució i Acreditació d'Instituts Superiors d'Investigació Cooperativa d'Excel·lència de la Generalitat Valenciana, Ref. ISIC/012/042), within the following research projects and groups: MICINUN, Ref. PID2021-128381NB-I00; IEC, Ref. PRO2018-S04-MARTINES; Grup d'Investigació VIGROB-125 of the UA; and the Grup d'Investigació en Tecnologia Educativa en Història de la Cultura, Diacronia lingüística i Traducció (Universitat d'Alacant, [Ref. GITE-09009-UA]).

PID2021-128381NB-I00
<< PROYECTOS DE GENERACIÓN DE CONOCIMIENTO >>, PROGRAMA ESTATAL PARA IMPULSAR LA INVESTIGACIÓN CIENTÍFICO-TÉCNICA Y SU TRANSFERENCIA, PLAN ESTATAL DE INVESTIGACIÓN CIENTÍFICA, TÉCNICA Y DE INNOVACIÓN 2021-2023

ISSN 2627-468X
ISBN 978-3-631-87460-8 (Print)
E-ISBN 978-3-631-91873-9 (E-PDF)
E-ISBN 978-3-631-91874-6 (EPUB)
DOI 10.3726/b21815

Publicado por Peter Lang GmbH, Berlín, Alemania

info@peterlang.com – www.peterlang.com

Esta publicación ha sido revisada por pares.

ISIC-IVITRA, Universitat d'Alacant, IULMA

Resum: En aquest llibre exposem novetats lèxiques, semàntiques i fraseològiques que no figuren en els diccionaris de referència (*DIEC2*, *DDLC*, *DNV* i *DCVB*), trobades en el Diccionari de la natura de l'obra literària d'Enric Valor (*DOLEV* -Natura). A més, descobrirem diversos tresors amagats en la magnífica narrativa d'aquest autor castallut, ja que la seua obra és un instrument clau en la recuperació del lèxic del valencià meridional i general, així com en la seua aportació al català general. Amb aquest treball, Valor contribueix a l'estandardització de la llengua i fomenta la identificació emocional i social dels parlants valencians amb aquest model lingüístic.

El Diccionari s'ha elaborat amb l'ajuda de les eines del Corpus Informatitzat Multilingüe de Textos Antics i Contemporanis (CIMTAC) de l'ISIC-IVITRA, facilitant així la creació del corpus de l'obra literària d'Enric Valor (*COLEV*).

Paraules clau: Enric Valor, corpus, lexicografia, diccionaris, estàndard.

Abstract: This monograph explores some of the lexical, semantic, and phraseological novelties not included in reference dictionaries (*DIEC2, DDLC, DNV, and DCVB*), found in the Dictionary of Nature in the Literary Work of Enric Valor (*DOLEV*-Natura). Additionally, we will uncover various hidden treasures in the magnificent narratives of this author from Castalla, as his work is a key tool in recovering the lexicon of both Southern Valencian and general Valencian, as well as its contribution to general Catalan. Through this work, Valor contributes to the standardization of the language and promotes the emotional and social identification of Valencian speakers with this linguistic model.

The Dictionary has been compiled with the assistance of the tools of the Multilingual Corpus of Ancient and Contemporary Texts (CIMTAC) of ISIC-IVITRA, thus facilitating the creation of the corpus of the literary work of Enric Valor (*COLEV*).

Keywords: Enric Valor, corpus, lexicography, dictionaries, standard.

Dedicatòria: Aquest llibre està dedicat amb tota estima a tots els iaios i iaies, herois anònims que, en temps adversos, han conservat la nostra llengua amb tenacitat i amor. El seu llegat, ric en joies i tresors lingüístics, s'assembla a l'inestimable contribució d'Enric Valor. Els devem la persistència d'un patrimoni cultural que continua viu gràcies a la transmissió generosa de paraules i saviesa.

Índex

1. Introduction[1]

Human interaction is not immovable; it is constantly evolving. This dynamism has extraordinarily intensified after World War II and the spread of industrialization. In Spain, this phenomenon has special significance during the last years of the Franco regime. These developments have motivated the deep social and economic transformation that marks the transition from a fundamentally agrarian society to a mostly urban one. This change has brought about a cultural and therefore linguistic revolution because lexicon that was crucial for daily rural life has become obsolete or has acquired new meanings due mostly to changes in the economic regime: industrialization, tourism, relevance of the service sector. To this, we must add an increase in literacy rates that has caused the standardization of language through schooling, mass media and leisure: cinema, TV, music and reading, which in turn has facilitated the dissemination of diverse learning methods. In addition, the spread of technology, in the last decades above all, has fomented the establishment of a society focused on information and communication. As a consequence, a rich vocabulary related to the pre-industrial society has entered into disuse or has changed its meaning in a short period of time. Traditional professions, deeply rooted in popular culture and in the performance of specific tasks, as well as the vocabulary related to them, have disappeared or have been transformed.

This process is evident in many contemporary Western societies. Nevertheless, our experience has individual peculiarities. It is crucial to remember the circumstances of the Catalan language when this process started: the

1 This study was conducted at the Institut Superior d'Investigació Cooperativa IVITRA [ISIC-IVITRA] (Programa per a la Constitució i Acreditació d'Instituts Superiors d'Investigació Cooperativa d'Excel·lència de la Generalitat Valenciana, Ref. ISIC/012/042), within the following research projects and groups: MICINUN, Ref. PID2021-128381NB-I00; IEC, Ref. PRO2018-S04-MARTINES; Grup d'Investigació VIGROB-125 of the UA; and the Grup d'Investigació en Tecnologia Educativa en Història de la Cultura, Diacronia lingüística i Traducció (Universitat d'Alacant, [Ref. GITE-09009-UA]).

introduction of Spanish, the forced bilingualization, marginality, and, in some instances, institutional persecution, as well as the elimination of the use of Catalan in education and mass media. The rural world was almost the last refuge where Catalan could be used exclusively and where a more traditional linguistic model was preserved.

Literature has always been a faithful mirror of social changes. This is particularly evident in authors devoted to the portrait of the life and languages of communities in specific historical periods. We can remember figures such as Narcís Oller, Llorenç Villalonga, Maria Mercè Marçal and Carmelina Sànchez Cutillas, who have become authors of reference from a sociological point of view for the process we have briefly described above. Nevertheless, the rapid and deep transformation brought about by these changes can produce as a result in literature that becomes incomprehensible for a modern and urban readership, especially for the youngest.

Since the 1960s, a key period in the evolution of society, there appeared writers like Miguel Delibes and Enric Valor who were conscious of the cultural changes undergone by their societies that had repercussions for the language. This linguistic transformation that transcended a mere alternation of languages was reflected in their work. As indicated by Pedro Cáceres (2010) in his article for *El Mundo*, the deep connection of Delibes with the rural world is also expressed through a lexicon that could require nowadays the use of a dictionary to be fully understood:

> Within a few years, we will have to read Miguel Delibes dictionary in hand. Almost nobody will be able to understand the rural vocabulary he uses in his works… The use, tools, and words that described them have been lost.

Delibes incorporates into the fabric of his narrative the vocabulary and phraseology of rural life, as can be clearly seen in his discourse "El sentido del progreso desde mi obra" (1975) delivered at the Real Academia Española.[2]

---

2 "We have killed rural culture, but we have not substituted it with anything else, at least with nothing noble. And the destruction of nature is not only physical, but a destruction of its meaning for mankind, a true spiritual and vital amputation. Mankind, most certainly, has been deprived of the purity of air and water, but it has also been robbed of language, and the landscape in which he dwells, full of personal and community references, becomes an

Enric Valor not only faces this same evolution, but he also must deal with unique challenges related to the category of the Catalan language in Valencia, a complex stage characterized by the absence of linguistic normalization and an established narrative tradition, something not so evident in Catalonia proper.[3] Valor aspires to create a literature that not only fills a gap in the Valencian *rondalla* and narrative tradition but also to serve as an impulse for the normalization of the Catalan language. As Salvador says (1999: 17):

> Because, when carefully considered, the purpose of Valor in his rondalles is twofold: a narrative one–the passion of narrating– and an attempt to disseminate a region, a landscape, and a loved language.

This dynamic of cultural change is eloquently narrated by Valor through the musings of a character in *Temps de batuda* (1991: 98, 12):

> As he was talking, the renter had been filling earthen jars and placing them in the four cavities formed by the saddlebags. I knew about those from when I was a child. All of this made me think: 'Forms of life, of old civilization, still alive and useful, maybe pushed aside in a very near future by an easier mechanization process'.

This colossal task adopts as a point of departure a linguistic and literary model based on the rural world, which, as we have mentioned, represented the last bastion of a monolingual existence. Enric Valor, born in Castalla (l'Alcoià, Valencian), and with family roots also in Penàguila (in the same region), had close contact with the language of the Valencian mid-lands, which he used as a model in his works.

The Castallan author is a prodigious lexicographer that selects and gathers words and includes them in his writings, where he endows them with prestige and also incorporates them into the common lexicon of the general Catalan language as requested by Pompeu Fabra.[4] As a faithful promoter

---

impersonal and insignificant landscape. Regarding the former, how many terms are there related to nature that are now in disuse and within a few years will mean nothing to anybody and will become words buried in dictionaries and incomprehensible to the "homo technologicus"?" (Delibes, 1976: 77).

3 See Pradilla (2015).

4 Valor became an enthusiast of Valencian Catalan, as already pointed out by Tarin-Hernández-Navarrete (1998: 15): "Valencian is the best Catalan that is being spoken because it is still Classic Catalan. Valencians still preserve the

of the norms of the Institut d'Estudis Catalans in Valencia, through his literary work and his work as a linguist, Valor contributed tremendously to lexicography and even gave it a pedagogical purpose with narratives adapted for children and with his *Vocabulari escolar de la llengua* and *Vocabulari fonamental*. In addition, we must highlight his crucial work in the dictionary Alcover-Moll and the glossaries of *Rondalles valencianes* for children's editions, which he himself wrote.

His contribution to the revitalization and dissemination of lexicon, especially Valencian rural lexicon, is of paramount importance for contemporary Catalan. Valor can be considered one of the most influential writers in Valencia in the last centuries. The nature and authenticity of his vocabulary, deeply connected with a traditional way of life that progressively fades away from contemporary reality, are the justification for projects such as the *Diccionari de l'obra literària d'Enric Valor. La natura* (DOLEV-*Natura*) (2017a) a detailed and complete computer-based analysis of the lexicon and phraseology in Valor's work. This work is the keystone for the development of lexicographic resources that aspire to preserve and disseminate the linguistic Catalan heritage of Valencian people, of which Valor has been a faithful custodian, as well as for making Valor's work more accessible to current and future readers. This monograph continues research lines already well established on the Valencian master, such as the publications related to this topic by Martines (2015, 2017a, 2017b, 2017c, 2018a, 2018b, 2019, 2020a, 2020b, 2020c, 2021a, 2021b, 2022, 2023).

For Valor, nature transcends the mere condition of being just a stage; it is a true main character in his narrative. Landscapes, the rugged terrain, fauna and atmospheric phenomena constitute the main semantic fields of his work. Nature's lexicon and phraseology are in fact the scaffolding of the linguistic model Valor aspires to build, and it could be said that they

---

classic conjugation of verbs […] It is an honor for Catalans to preserve so many characteristics of medieval Catalan. I tell Valencians to continue using their variety of language, the Valencian. To try not to pay attention to Catalan from Barcelona. To keep close to the 15th-c. Catalan in which our classics wrote. That is what I have done in my Rondalles first and all the way through my Trilogia. I have followed Pompeu Fabra's recommendations ad pedem litterae, and rightfully so, I believe".

also serve as the model for the vision of the country he wishes to project. Thus, he uses a vocabulary full of synonyms and linguistic variants where the Valencian forms he masters and wishes to incorporate into general Catalan occupy a privileged place. The repertoire of words is rich and diverse, particularly those related to the rural world, animal and vegetable life, and the goal is to paint a linguistic portrait of Valencia making use of its own words with the addition of contributions from other dialects and from standard Catalan. There are almost no novelties, except for a word for which the writer might show particular interest. Phraseology is also abundant.

In an interview for the journal *Gorg* 15[5] (1971: 7), Valor highlighted the richness of Catalan in Valencia and the need to preserve it within the general linguistic model. This has been underlined by scholars like Pitarch (2001), Ferrando (1997 i 2000), Giner (1971), Montoya (1996), Monferrer (1999), and Segarra (1999). In this he has been a convinced follower of Fabra, as indicated by Ferrando (2000: 3).

> Through his linguistic texts, Valor has developed the theory of a "convergent polycentrism", recommended by Fabra and developed by Sanchis Guarner and Josep Giner, that attempts to enhance the Valencian linguistic solutions that more closely coincide with literary forms from Catalonia, in an attempt to combine fidelity to language and proximity to the rest of the Catalan linguistic community.

To find conformity to the Valencian standard and align it with general Catalan, Valor has found inspiration in the Valencian forms of the classics and in rural language. He has chosen classical forms that have been

5 "The creation of the modern literary language is based, especially in our linguistic area, on the contribution of all the great variants of the language. This contribution is and should continue being constant, and regarding what Valencia can contribute, considering that there is a bibliographic density inferior to that about Catalan from Catalonia, much remains to be done: we have a large repertoire of lexicon that in Barcelona, for instance, that they only know through reading classical literature; we possess a trove of magnificent expressions created throughout the centuries by people from the city and from our regions; we preserve syntactic constructions of great purity... Our duty is to preserve it, make it valuable, in sum, 'to offer it' to the general language" (Valor, 1971: 7).

preserved in eastern Catalan, especially in the Principality of Catalonia, which had already been compiled by Fabra. In this way, he avoided rejection and gave them legitimacy because they appeared in the works of the Valencian classics of the 15th and 16th centuries. This approach is crucial for the creation of a common literary language and a shared standard, allowing for the specific tonality of each region.

1.1. Research Strategy

1.1.1. Analysis based on corpus linguistics: the Corpus de l'Obra Literària d'Enric Valor (COLEV) included within the Corpus Informatitzat Multilingüe de Textos Antics i Contemporanis (CIMTAC. ISIC-IVITRA, UA)

a) Selection of works

A digitized corpus of Valor's literary works was created, with the following selection of his works:

Regarding his *rondalles*, we have chosen the version included in his *Obra literària completa* (1975–76; 2 volums), which includes the following titles: *El llenyater de Fortaleny; Les velletes de la Penya Roja; La Mare dels peixos; El patge Saguntí; El Castell del Sol; I queixalets també!; Els guants de la felicitat; El Gegant del Romaní; L'envejós d'Alcalà; El xiquet que va nàixer de peus; El ferrer de Bèlgida; El rei Astoret; El dimoni fumador; El castell d'Entorn i no Entorn; La mestra i el manyà; Esclafamuntanyes; Abella; L'albarder de Cocentaina; L'amor de les tres taronges; El príncep desmemoriat; El jugador de Petrer; Joan-Antoni i els torpalls; Llegenda del palleter; Home roig, gos pelut i pedra redona; Les animetes; Peret; Els tres plets de Pasqua Granada; El pollastre de festes; Don Joan de la Panarra; La rabosa i el corb; El darrer consell; Nabet; Joan-Ratot; Història d'un mig pollastre; La crida de la rabosa*, and *Comencilda, Secundina i Acabilda*.

Regarding Valor's first literary works, we have selected *Obra literària completa Volum III* (1982), which includes two novels, *L'ambició d'Aleix*[6]

---

6 This version includes the sections that were censored in the 1960 edition. There is a later version in which the narrator changes. The story is told in the first person, although the linguistic model does not change at all; see Pérez Silvestre (2011: 225–226).

and *La idea de l'Emigrant*. In addition, the collection *Narracions de la Foia de Castalla: la Foia de Castalla, Contalles de la boira, L'amic fidel* and *Contalla d'un orat*. As well as *Narracions intranscendents*, later retitled *Narracions perennes*, published in Gregal: *Danys mínims sobre coberta, Viatge de Nadal*, and *L'experiment de Strolowickz*.

The three volumes of *Obra literària completa* (1975–76), the two volumes in Gorg and a third one (1982), were all of Valor's works until then.

b) Digitalization Process

For the vast task of analyzing the corpus of literary works by Valor, we have had the help of the Corpus Informatitzat Multilingüe de Textos Antics i Contemporanis (CIMTAC) developed within the parameters of the computer tasks included in this corpus and described in Fuster (2010), Sánchez López (2010), Antolí (2011) and Martines & Sánchez (2014); here we will just offer some brief notes on the process of digitalization of our texts that are most important for the final result.

To create a corpus of Valor's literary work, the following steps were followed:

Digitalization of Valor's work took place with the use of advanced technology of optical character recognition with the purpose of attaining the best digital versions of the original printed texts. This initial stage required an exhaustive post-scanning revision of typos in order to ensure maximum precision. The meticulous nature of this task offered a unique opportunity for a deep immersion in the language, lexicon, and style of Valor, which provided a richer understanding of his literary work.

With the help of special programs, the scanned documents were reformatted as editable texts in .doc, .txt and .rtf. Despite the efficiency of these programs, the images transformed into PDFs still have scanning errors, which require a detailed emendation process. The process of collating them with the originals was ensured through a rigorous process. This allowed us to have a solid basis for the ulterior analytical phase.

At this point, we used the Intracorpus, an integral task of the CIMTAC program, to insert the texts into the database. This stage included the linguistic classification of Valor's works which ensured that the included dictionaries could recognize the words and allow the addition of segments in other languages whenever necessary. In addition, we preserved the pagination of the originals, something which was immensely valuable when comparing the texts with the originals in the stages of revision and analysis.

Once they were digitized, the texts were processed by using the dictionaries incorporated into the CIMTAC. This automatic phase allowed the preliminary assignment of grammatical categories and lemmas to most of the corpus, thus establishing a solid point of departure for later linguistic annotation and semantic analysis.

c) Lemmatization and Labeling

With the use of the application named Metatagging, we identified the words without any assigned category or lemma yet. This was a crucial stage to highlight the most singular lexicon and the variants not registered in the standard dictionaries. We followed a standardized process for the grammatical categorization and the lemmatization of these words. This is fundamental for the creation of this MetaCorpus, and if done properly, many advantages can follow.

Once we finished the categorization and lemmatization, the texts were transferred to a platform known as Ivitratech. This database functions as a repository of the already-processed texts of the MetaCorpus, in turn part of the Corpus Informatitzat Multilingüe de Textos Antics i Contemporanis.

d) Extraction of contexts

Using the function Metaconcor of the CIMTAC, we can access the introduced information, which facilitates searches and the construction of lists of words. This is particularly useful for the future creation of a specialized dictionary of Valor or of this particular period.

1. Introducció[7]

La interacció humana no és estàtica; evoluciona ininterrompudament. Aquest dinamisme s'ha intensificat extraordinàriament després de la Segona Guerra Mundial amb l'auge de l'era industrial, i en l'Estat espanyol, aquest fenomen va cobrar especial impuls durant els darrers anys del règim franquista. Aquests esdeveniments han propiciat una profunda metamorfosi social i econòmica que marca la transició des d'una societat fonamentalment agrària cap a una majoritàriament urbana. Aquest canvi ha precipitat una revolució cultural i, per consegüent, lingüística, ja que el lèxic que era essencial en la vida quotidiana rural ha esdevingut obsolet o ha adquirit nous significats a causa, principalment, de l'alteració del model econòmic: la industrialització, l'eclosió del turisme i el predomini del sector serveis. A això s'hi suma una alfabetització creixent, que ha portat a l'estandardització de la llengua mitjançant l'escolarització, els mitjans de comunicació i el lleure: el cinema, la televisió, la música i la lectura; i que ha facilitat així la disseminació de mètodes d'aprenentatge diversificats. A més, l'expansió de la tecnologia, particularment notòria en les últimes dècades, ha fomentat l'adveniment d'una societat centrada en la informació i la comunicació. Testimoniem com un ric lèxic vinculat a la societat preindustrial ha quedat en desús o ha mutat de significat en un breu lapse de temps. Professions tradicionals, profundament arrelades en la cultura popular i en l'ús d'eines específiques, així com el vocabulari relacionat, han desaparegut o s'han transformat.

Aquest procés és evident en les societats occidentals contemporànies. No obstant això, la nostra experiència ha tingut les seues peculiaritats. És essencial recordar les circumstàncies del català quan s'inicia aquest procés: la penetració del castellà, la bilingüització forçada, la marginació i, en alguns casos, la persecució institucional, així com l'eliminació de l'ús en l'educació i els mitjans de comunicació. El món rural era gairebé l'últim

7 Aquest estudi es va realitzar a Institut Superior d'Investigació Cooperativa IVITRA [ISIC-IVITRA] (Programa per a la Constitució i Acreditació d'Instituts Superiors d'Investigació Cooperativa d'Excel·lència de la Generalitat Valenciana, Ref. ISIC/012/042), dins dels següents projectes i grups de recerca: MICINUN, Ref. PID2021-128381NB-I00; IEC, Ref. PRO2018-S04-MARTINES; Grup d'Investigació VIGROB-125 de la UA; i el Grup d'Investigació en Tecnologia Educativa en Història de la Cultura, Diacronia lingüística i Traducció (Universitat d'Alacant, [Ref. GITE-09009-UA]).

refugi d'ús exclusiu del català, on es va preservar un model lingüístic més tradicional.

La literatura sempre s'ha erigit en un mirall fidel dels canvis socials. Això es manifesta especialment en els autors que es dediquen a retratar la vida i el llenguatge de les comunitats en períodes històrics específics. Recordem figures com Narcís Oller, Llorenç Villalonga, Maria Mercè Marçal i Carmelina Sànchez Cutillas, que s'han convertit en referents des d'un punt de vista sociològic del procés que hem descrit succintament. El problema pot aparéixer quan la ràpida i profunda naturalesa d'aquests canvis en la societat pot fer que aquesta literatura esdevinga incomprensible per a l'audiència moderna i urbana, particularment per als joves.

Des de la dècada dels seixanta, un període clau en l'evolució social, escriptors com Miguel Delibes a Espanya i Enric Valor al País Valencià van emergir, conscients dels canvis culturals que es manifestaven en la societat i que, inevitablement, repercutien en l'idioma. Aquesta transformació lingüística, que transcendia la mera alternança de llengües, es reflecteix en els seus treballs. Com s'indica en l'article de Pedro Cáceres (2010) publicat a *El Mundo*, la profunda connexió de Delibes amb el món rural s'expressa en un lèxic que, avui dia, podria requerir l'ús de diccionari per a la seua plena comprensió:

> Dentro de poco, habrá que leer a Miguel Delibes con el diccionario en la mano. Casi nadie podrá entender el vocabulario del ámbito rural que emplea en su obra... Se perdieron los usos, las herramientas y las palabras que los describían.

Delibes incorpora dins del teixit de la seua narrativa el vocabulari i la fraseologia de la vida rural, com es pot apreciar amb detall en el seu discurs "El sentido del progreso desde mi obra" (1975) presentat a la Real Academia Española.[8]

---

8 "Hemos matado la cultura campesina pero no la hemos sustituido por nada, al menos, por nada noble. Y la destrucción de la Naturaleza no es solamente física, sino una destrucción de su significado para el hombre, una verdadera amputación espiritual i vital de éste. Al hombre, ciertamente, se le arrebata la pureza del aire i del agua, pero también se le amputa el lenguaje, y el paisaje en que trascurre su vida, lleno de referencias personales y de su comunidad, es convertido en un paisaje impersonalizado e insignificante. En el primero de estos aspectos, ¿cuántos son los vocablos relacionados con la Naturaleza, que, ahora mismo, ya se han caído en desuso y que, dentro de muy pocos años, no significarán nada para nadie y se transformarán en puras palabras enterradas en los diccionarios e ininteligibles para el "homo tecnologicus"?" (Delibes, 1976: 77).

Enric Valor, per la seua part, no només presencia aquesta evolució, sinó que també s'enfronta a reptes únics vinculats a l'estatus del català al País Valencià, un escenari complex marcat per l'absència d'una normalització lingüística i una tradició narrativa establerta, desafiaments no tant evidents a Catalunya.[9] Valor aspira a una literatura que servisca no solament per a omplir un buit en la rondallística i narrativa valenciana, sinó també per a fomentar la normalització del català. En paraules de Salvador (1999: 17):

> Perquè, tot ben garbellat, la dèria de Valor en les seues rondalles té un doble vessant: el del relat –la passió de contar– i el de difondre el coneixement del país, del paisatge i de la llengua estimada.

Aquesta dinàmica de canvi cultural és eloqüentment narrada per Valor a través de les reflexions d'un personatge en *Temps de batuda* (1991: 98, 12):

> Mentre que parlava, l'estatger havia anat omplint cànters i ficant-los en les quatre coves que formaven els arganells. Jo coneixia aquell ormeig de quan era infant. Tot allò em feia reflexionar: 'Formes de vida, de civilització vella, encara vigents i útils, potser desbancades en un futur molt pròxim per còmodes mecanitzacions'.

Aquesta colossal empresa pren com a punt de partida un model lingüístic i literari basat en el món rural, el qual, segons s'ha assenyalat, representa el darrer bastió de la vida monolingüe. Enric Valor, originari de Castalla (l'Alcoià, País Valencià), i amb arrels familiars també a Penàguila (a la mateixa contrada), va tenir un contacte directe amb la parla del migjorn valencià que va emprar com a model en la seua obra.

L'homenot castallut és un prodigiós lexicògraf que arreplega i espigola les paraules i les incorpora en els seus escrits; on no només els va conferir prestigi sinó que també els va integrar al lèxic comú com demanava Pompeu Fabra.[10] Com a fidel promotor de les normatives de l'Institut d'Estudis

---

9 Vegeu Pradilla (2015).

10 Valor arriba a ser un entusiasta del català dels valencians, com ja han advertit Tarin-Hernández-Navarret (1998: 15): "El valencià és el millor català que es parla perquè continua sent el català clàssic. Els valencians encara conserven la conjugació clàssica dels verbs [...] És un honor per als valencians mantenir tantes característiques del català medieval. Jo dic als valencians que continuen conreant la seua varietat, el valencià. Que procuren no enrecordar-se del nostre català de Barcelona. Que s'acosten al català del segle XV que han escrit els nostres clàssics. Això és el que jo he fet començant per les Rondalles i acabant

Catalans al País Valencià, Enric Valor va fer una aportació inestimable al camp lexicogràfic. La seua obra literària i la tasca com a gramàtic han estat claus en aquest àmbit. Les narracions, adaptades als infants, així com el *Vocabulari escolar de la llengua* i el *Vocabulari fonamental*, han esdevingut recursos essencials en l'ensenyament de la llengua. A més, cal destacar la col·laboració fonamental en el diccionari Alcover-Moll i els glossaris de les *Rondalles valencianes* per a les edicions infantils, que ell mateix va escriure.

L'aportació a la revitalització i expansió del lèxic, particularment del lèxic rural valencià, és d'una importància gegantina per al català contemporani. Valor pot ser considerat com un dels escriptors més influents en la literatura catalana al País Valencià en els últims segles. La naturalesa i autenticitat del seu lèxic, profundament connectat amb una vida tradicional que s'allunya progressivament de la realitat contemporània, són la justificació per a iniciatives com el *Diccionari de l'obra literària d'Enric Valor. La natura* (DOLEV-*Natura*) (2017a): una anàlisi detallada i completa del lèxic i fraseologia en l'obra de Valor; realitzat amb suport informàtic. Aquesta obra esdevé la pedra angular per al desenvolupament de recursos lexicogràfics que aspiren a preservar i difondre el patrimoni lingüístic català dels valencians, que Valor ha custodiat meticulosament, i a la vegada fer la seua obra més accessible als lectors contemporanis i futurs. Aquesta monografia continua la línia d'investigació consolidada sobre el mestre valencià. Treballs anteriors relacionats amb aquest àmbit d'estudi han estat publicats en les aportacions de Martines (2015, 2017a, 2017b, 2017c, 2018a, 2018b, 2019, 2020a, 2020b, 2020c, 2021a, 2021b, 2022, 2023).

Per a Valor, la natura transcendeix la mera condició d'escenari; es converteix en un veritable protagonista en la seua narrativa. Paisatges, relleus, fauna i fenòmens atmosfèrics són elements que, des d'una perspectiva lingüística, configuren el camp semàntic fonamental de l'obra. El lèxic i la fraseologia natural són, de fet, l'esquelet del model idiomàtic que Valor aspira a construir, i podria dir-se que també modelen la visió del país que anhela projectar. Per tant, utilitza un lèxic ple de sinònims i variants lingüístiques

per la Trilogia. He fet al peu de la lletra el que demanava Pompeu Fabra i no crec que estiga mal".

en el qual destaquen aquelles formes valencianes que ell domina i que busca incorporar al corpus català general. El repertori de paraules és ric i divers, especialment vinculat al camp, a la vida animal i vegetal, amb l'objectiu de pintar un retrat lingüístic del País Valencià, fent ús de les seues pròpies paraules que són enriquides amb aportacions d'altres dialectes i del català estàndard. No hi ha pràcticament novetats, llevat d'algun mot d'interés generat pel mateix escriptor. També és abundós en fraseologia.

En una declaració explícita a la revista *Gorg* 15[11] (1971: 7), Valor va destacar la riquesa del català del País Valencià i la necessitat de preservar-lo i integrar-lo dins del model lingüístic general. Aquesta visió ha estat subratllada per acadèmics com Pitarch (2001), Ferrando (1997 i 2000), Giner (1971), Montoya (1996), Monferrer (1999) i Segarra (1999). Valor és un fabrista convençut. Un exemple són les paraules de Ferrando (2000: 3).

> A través dels seus textos gramaticals, Valor ha desenvolupat la doctrina del "policentrisme convergent", recomanada per Fabra i elaborada per Sanchis Guarner i Josep Giner, que mira de potenciar les solucions valencianes més coincidents amb les formes literàries del Principat, en un intent de combinar la fidelitat al llenguatge parlat i l'aproximació a la resta de la comunitat lingüística catalana.

Per conformar l'estàndard valencià, alineat amb la llengua catalana en el seu conjunt, Valor s'ha inspirat en les formes valencianes dels clàssics i en la llengua de la ruralia. Ha optat per formes clàssiques que s'havien conservat en el català oriental, en particular el del Principat, i que ja havien estat compilades per Fabra. Així, procurava evitar rebuig i les legitimava perquè figuraven en els autors valencians dels segles XV i XVI. Aquest enfocament

---

11 L'escrit de Valor és el següent: "La formació de la llengua literària moderna recolza, especialment en la nostra àrea lingüística, en l'aportació de totes les grans variants de l'idioma. Aquesta aportació és i cal que siga constant, i no ha acabat, ni molt menys; i per quant es refereix a la que pot fer el País Valencià, d'una densitat de producció bibliogràfica molt inferior a la del Principat, resta molt a fer: tenim grans reserves de vocabulari que, a Barcelona per exemple, sols es coneixen per la lectura dels clàssics; posseïm un tresor d'expressions magnífiques creades a través dels segles per la gent de la ciutat i de les nostres comarques; conservem girs sintàctics d'una gran puresa... I el nostre deure és preservar-ho, fer-ho valdre i, en una paraula, «aportar-ho» a la llengua general" (Valor, 1971: 7).

és essencial per a la creació d'una llengua literària comuna i d'un estàndard compartit, amb la tonalitat específica que cada territori requereix.

1.1. Metodologia

1.1.1. Anàlisi basada en la lingüística de corpus. El Corpus de l'obra literària d'Enric Valor (COLEV) dins del Corpus Informatitzat Multilingüe de Textos Antics i Contemporanis (CIMTAC. ISIC-IVITRA, UA)

a) Obres triades

S'ha bastit un corpus digitalitzat de les obres literàries de Valor. L'elecció d'aquestes obres ha estat la següent.

De les Rondalles, se n'ha triat la versió de l'*Obra literària completa* (1975–76; 2 volums), que inclou les rondalles següents: *El llenyater de Fortaleny; Les velletes de la Penya Roja; La Mare dels peixos; El patge Saguntí; El Castell del Sol; I queixalets també!; Els guants de la felicitat; El Gegant del Romaní; L'envejós d'Alcalà; El xiquet que va nàixer de peus; El ferrer de Bèlgida; El rei Astoret; El dimoni fumador; El castell d'Entorn i no Entorn; La mestra i el manyà; Esclafamuntanyes; Abella; L'albarder de Cocentaina; L'amor de les tres taronges; El príncep desmemoriat; El jugador de Petrer; Joan-Antoni i els torpalls; Llegenda del palleter; Home roig, gos pelut i pedra redona; Les animetes; Peret; Els tres plets de Pasqua Granada; El pollastre de festes; Don Joan de la Panarra; La rabosa i el corb; El darrer consell; Nabet; Joan-Ratot; Història d'un mig pollastre; La crida de la rabosa* i *Comencilda, Secundina i Acabilda.*

Per a les primeres obres literàries de Valor, s'ha seleccionat l'*Obra literària completa Volum III* (1982), que conté dues novel·les, *L'ambició d'Aleix*[12] i *La idea de l'Emigrant*. A més a més, el recull *Narracions de la Foia de Castalla: la Foia de Castalla*, *Contalles de la boira*, *L'amic fidel* i *Contalla d'un orat*. Així com *Narracions intranscendents*, posteriorment

12 Aquesta versió inclou les parts que foren censurades en l'edició de 1960. Hi ha una versió posterior en la qual es canvia el narrador. La història es conta en primera persona, així i tot, el model lingüístic no canvia gaire; v. Pérez Silvestre (2011: 225–226).

anomenades *Narracions perennes*, a l'editorial Gregal: *Danys mínims sobre coberta*, *Viatge de Nadal* i *L'experiment de Strolowickz*.

Aquests tres volums de l'*Obra literària completa* (1975–76) dos volums de l'editorial Gorg i el tercer (1982), aplega tota la producció de Valor fins llavors.

Finalment, les altres tres novel·les són les publicades als tres primers volums de l'*Obra literària completa* de l'editorial Tàndem: *Sense la terra promesa*, *Temps de batuda* i *Enllà de l'horitzó*.

b) Digitalització

Per fer la vasta tasca d'analitzar tota l'obra literària de Valor adés esmentada, s'ha disposat de l'ajuda del Corpus Informatitzat Multilingüe de Textos Antics i Contemporanis (CIMTAC) desenvolupat al si de l'Institut Superior d'Investigació cooperativa IVITRA. Cf. una descripció de les eines informàtiques que incorpora aquest corpus en Fuster (2010), Sánchez López (2010), Antolí (2011) i Martines i Sánchez (2014); ací ens limitarem a donar algunes pinzellades sobre el procés de tractament digital dels nostres textos que són importants per al resultat final.

Per inserir l'obra literària d'Enric Valor en aquest corpus, es van seguir els següents passos:

Primerament, es va digitalitzar tota l'obra amb un programa que converteix documents en paper i d'imatges en formats editables (.doc, .txt, .rft). Com que són imatges que es converteixen a PDF, presenta moltes errades d'escaneig que han de ser corregides amb una lectura acurada i comparant-les amb els originals. Aquesta tasca permet fer una primera visió en profunditat de les obres. Seguidament, amb l'ajuda de l'Intracorpus, que és una de les aplicacions del programa, s'introdueixen els textos en la base de dades i s'afig l'idioma en el qual està escrit el text perquè els diccionaris reconeguen les paraules, fins i tot, es pot incorporar a fragments que estiguen escrits en altres idiomes. I també es conserva la paginació de la publicació original, açò últim ajuda a l'hora de comparar amb els originals. Aquests textos són processats pel programa amb els seus diccionaris; de manera que, automàticament dona una categoria i un lema a la majoria de les paraules.

c) Lematització i etiquetatge

Després amb el Metatagging, que és l'assistent per a la compleció de diccionaris, se cerquen les paraules a les quals no els ha adjudicat el programa una categoria i un lema. Aquesta fase és molt important perquè permet de descobrir el lèxic més destacable: s'hi adverteixen els mots o les variants no inventariats en els diccionaris de referència. Seguidament, es procedeix a la categorització gramatical i a la lematització d'aquestes paraules seguint unes normes establertes per a la creació d'aquest MetaCorpus. Aquesta tasca semiautomàtica és lenta i s'ha de fer amb molta cura; si aquest procés es fa com cal, després se'n traurà molt de suc, com es mostrarà més avant.

Una vegada acabada aquesta categorització i lematització, els textos s'incorporen a una altra eina anomenada Ivitratech, que és la base de dades on queden inserits els textos dels MetaCorpus, Corpus Informatitzat Multilingüe de Textos Antics i Contemporanis.

d) Recuperació dels contextos

Finalment, amb l'ajuda d'una eina del CIMTAC, el Metaconcor, es pot recuperar la informació introduïda anteriorment. D'ací deriva la seua importància perquè facilita la tasca per fer cerques i llistes; de trobar el lèxic interessant com s'ha vist adés i, sobretot, de poder fer un diccionari d'autor, d'època o de qualsevol temàtica.

2. Rellevància del Diccionari de l'obra literària d'Enric Valor: La natura (*DOLEV*-Natura)

2.1. El Diccionari descriptiu de la llengua catalana com a referència

El *Diccionari descriptiu de la llengua catalana* (DDLC) ha servit de referència en l'elaboració del DOLEV-*Natura* principalment per dues raons. La primera es relaciona en la seua actualització lexicogràfica basada en un corpus lingüístic, el Corpus Textual Informatitzat de la Llengua Catalana (CTILC).[13] Aquest *DDLC* incorpora metodologies lexicogràfiques modernes, incloent-hi la representació d'articles, detalls sintàctics, compilacions de col·locacions, unitats fraseològiques, organització d'accepcions, sistemes de definició, etc. Es recorda que el DOLEV-*Natura* també pren com a fonament un corpus, específicament el que inclou la totalitat de les obres literàries de Valor ja esmentades anteriorment.

La segona raó rau en la naturalesa descriptiva, més que prescriptiva, del DDLC. Els diccionaris descriptius busquen reflectir la realitat de l'ús lingüístic dins d'un corpus textual, sense imposar restriccions als patrons expressius dels usuaris de la llengua. En contraposició, els diccionaris prescriptius, com el *DIEC2* de l'Institut d'Estudis Catalans, s'orienten a establir una norma unificada, contenint-hi només formes lingüístiques consensuades per promoure una llengua estandarditzada (Rafel 2005: 35–59). Un exemple de diccionari descriptiu seria el *Diccionari Català-Valencià-Balear* (*DCVB*) d'A.M. Alcover i F. de B. Moll (1926–1962), mentre que un prescriptiu seria el *DIEC2* (2007).

13 Aquest Corpus textual té una extensió de més de 52 milions de mots. A més a més, és un corpus que representa l'ús literari de l'època contemporània, des del 1833 fins al 1988, cent cinquanta anys d'història de la llengua catalana. Està constituït per textos literaris i no literaris.

2.2. Estructura general i Criteris

El DOLEV-*Natura* no cobreix el lèxic general de la llengua, sinó que es focalitza en el lèxic relacionat amb la natura, extret de les obres literàries d'Enric Valor. Aquest camp semàntic és extens, amb fronteres que es difuminen, però que són essencials dins de l'obra valoriana i que poden incloure un repertori conceptual i lexicogràfic vast. La natura sovint es defineix en contraposició a la ciutat i la civilització, referint-se a paisatges rurals, ecosistemes aquàtics i la biodiversitat terrestre. No obstant això, aquesta classificació s'amplia per englobar la interacció amb l'ésser humà, essencial per a la construcció i comprensió del món. La taxonomia següent es basa en l'obra de Romeu (1976), amb modificacions per adequar-la a les exigències del DOLEV-*Natura*:

1. L'ésser humà i la natura
   1.1. Distribució del temps: els dies, les estacions i la mesura del temps.
   1.2. Manifestacions de la natura: els fenòmens, els vents, el cel i els astres i el clima.
   1.3. Morfologia de la natura: els punts cardinals, els accidents, el paisatge i les formes.
2. Éssers animats i inanimats
   2.1. Els animals: que viuen a la terra, que viuen a la mar, d'aigua dolça, els crits, els moviments, els agrupaments dels animals i les parts dels animals.
   2.2. Els vegetals: els arbres i els arbustos, les herbes, les flors, les fruites i els fruiters, les agrupacions d'arbres i plantes, les parts de les plantes i les hortalisses i els cereals.
   2.3. Els minerals.
3. El cos humà en relació amb el medi
   3.1. Els aliments i l'alimentació: les begudes, els queviures, els condiments, els menjars i l'home.
4. El treball
   4.1. Treballs diversos: els oficis, les eines i la mar (pesca i navegació).
   4.2. El treball al camp: les eines de la faena, els oficis del camp, l'agricultura, el lloc on dorm el ramat, la collita i les accions relacionades amb les faenes del camp.

L'essència d'aquesta taxonomia la constitueixen les entitats naturals i les seues formes amb la inclusió de la fauna, la flora i les activitats agrícoles. El repertori lèxic d'aquests camps semàntics nuclears present a l'obra literària de Valor s'ha buidat i s'ha espigolat tot, tant els mots més directament implicats en aquesta àrea conceptual com els connectats més indirectament (un procés que pot presentar els seus reptes!). Dels elements llistats anteriorment, sols s'han seleccionat aquells de major interés lexicogràfic.

3. Aportacions innovadores del DOLEV-*Natura*

3.1. Canvis a través del temps (variació diacrònica)

L'anàlisi del Corpus de l'Obra Literària d'Enric Valor (COLEV) ha desvetllat mots, variants, accepcions i expressions fraseològiques pertanyents a l'esfera natural en les narracions que no apareixen en els diccionaris de referència.

Després d'una revisió detallada del COLEV, s'han identificat 50 mots, 72 accepcions i 79 unitats fraseològiques que no figuren en les obres de referència: *DIEC2*, *DDLC*, *DNV* i *DCVB*. Aquestes troballes s'han representat en gràfics que mostren el percentatge que aquestes novetats representen dins del COLEV. A més, s'han registrat variants no estandarditzades, és a dir, aquelles no reconegudes pel diccionari normatiu (*DIEC2*), per tal de contrastar-les i ajudar a caracteritzar el perfil lexicogràfic i lingüístic d'Enric Valor.

3.1.1. Novetats Lèxiques

Estudis previs de Casanova (1996, 147–180; 2002, 189–224; 2010, 168–184), Colomina (2010, 152–167), Rafel (1999, 75–104) o Martines (2011, 143–204) han realitzat estudis parcials del lèxic en l'obra de Valor. Tot i això, es fa palesa la necessitat d'una anàlisi exhaustiva i integral del material lèxic contingut en l'obra valoriana.[14] En aquesta secció, es presenta una visió principalment quantitativa d'aquesta recerca.

S'ha registrat un total de 50 termes nous en el DOLEV-*Natura*, que constitueixen un 3 % del corpus total, una xifra remarcable. La incidència de novetats és encara més notable dins l'àmbit fraseològic. Entre aquests

14 Martines (2011, 145) escriu que "ja disposem d'un bon grapat d'estudis parcials de la seua obra, especialment del lèxic i de la fraseologia. Potser ja és arribada l'hora de mamprendre un despullament sistemàtic i exhaustiu d'aquests materials i d'elaborar un Diccionari de l'obra d'Enric Valor i una anàlisi del seu model gramatical. Això aplanarà el camí per a la recerca, per exemple, semàntica com aquesta que presentem ací com a tribut al mestre de la paraula."

termes innovadors, 5 han estat catalogats pel mateix Valor en VALOR (4) o DECAT (1).

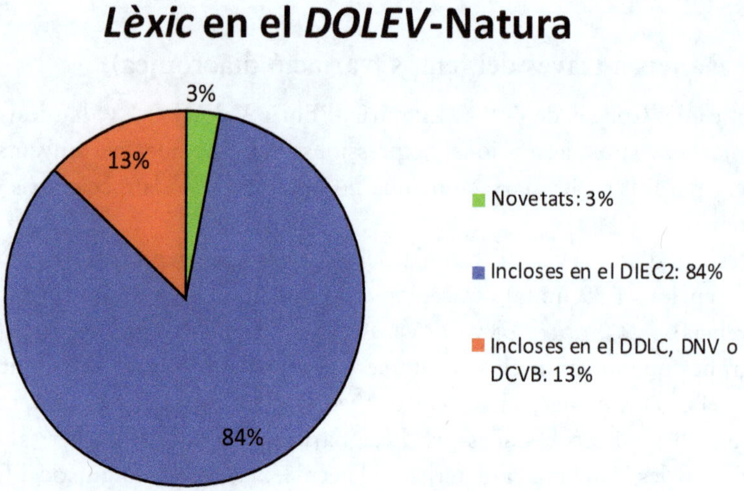

Figura 1 Novetats lèxiques

A continuació, us introduïm una selecció d'aquests termes nous, acompanyats d'un comentari concís i exemples seleccionats de les obres literàries de Valor. S'han organitzat en categories segons els procediments de creació lèxica.

3.1.1.1. Metàfores i metonímies

El fenomen de la creació de noves paraules és un dels més fecunds i fascinants en la lingüística. Iniciarem amb una mirada als termes formats per mitjà de la metàfora. A continuació, observem alguns exemples:

enconillat *adj.* Algú, amb característiques d'un conill. *I un enconillat, flaquíssim i tot giragonsat, de llarga barba blanca, amb cara de camperol antic, que feia de president, va dir: [...].* (*L'albarder de Cocentaina*, 1976: 168, 11).

El terme adjectival derivat de *conill* és un exemple. Encara que en el DCVB i en el DNV trobem el verb *enconillar* amb el significat de 'amagar-se dins del cau', no s'utilitza en aquest context.

mixineta *m., f.* Persona que fingeix candidesa, humilitat, innocència. *-I, a més, ell no ha estat mai un beguinot, ni un mixinetes -el defensà un altre-, i no el veus massa clavat dins l'església.* (*Sense la terra promesa*, 1991: 547, 14).

Segons Martí (2006, 359), aquest adjectiu ve de *mix* 'gat', i es forma per metàfora, s'atribueixen característiques felines a les persones que semblen humils i dòcils, però que en realitat són astutes i traïdores.

Un altre procés creatiu que examinem és el metonímic.

albadoc *adj.* Color, de badoc. *Damunt les calces albadoc que duia, tenia un alfange que devia pesar una arrova llarga.* (*L'amor de les tres taronges*, 1976: 137, 16).

L'adjectiu en qüestió s'ha format per metonímia, similar a com s'han creat altres noms de colors com *taronja* o *carabassa*, *groc* 'safrà (en grec)', derivats dels objectes amb els quals es relaciona el color. Per exemple, l'autor fa servir *albadoc* per descriure un color vermell similar al de la flor del magraner, també coneguda com a *badoc*.

assafranat *adj.* Del color, groc ataronjat característic del safrà. *Es tractava de sengles tassarres de cafè amb llet ben calent i unes magnífiques torrades de pa amb sagí d'un atraient color assafranat.* (*Sense la terra promesa*, 1991: 510, 13).

La formació metonímica és idèntica a la que s'ha usat per a *albadoc*, ací a partir de *safrà*.

cocodrilesc *adj.* Alguna cosa, dura com la pell d'un cocodril. *A poc a poc, el cantell i la polleguera de la porta se li estacaren en la crosta cocodrilesca, començà a pegar bocades i lliurà en un bell en sec el seu maligne esperit a l'infern.* (*Don Joan de la Panarra*, 1976: 336, 17).

També tenim un adjectiu derivat de *cocodril*, que de manera metafòrica fa al·lusió a la textura dura de la pell d'aquest animal.

moragada *f.* Acció de moragar. *La moragada de les olives i els primers conseqüents refiïs dels tords olivarers; [...].* (*La Foia de Castalla*, 1982: 323, 5).

Finalment, el substantiu provinent del verb *moragar* és creat per metonímia; remet al color morat que adquireix el raïm quan madura. Encara que només es registra el verb en el DNV i el DECAT, és interessant que siga

Enric Valor (1950) qui aporta aquesta informació en les notes sobre el DFA: és 'verolar (el raïm)'.

3.1.1.2. *La derivació*

La innovació lèxica es un element clau en l'evolució de la llengua, especialment pel que fa a la creació de nous mots mitjançant l'ús de sufixos i prefixos. Examinarem alguns dels exemples més destacats: *acaloració*, *acepellar*, *aitànic*, *aixampanyat*, *alacraner*, *arpallotada*, *atronadorament*, *birba*, *ceresià*, *citronar*, *corbessa*, *descorconador destralejador*, *enratar*, *enviscador*, *esblavissar*, *grallador*, *grallament*, *nevador*, *nevarsejada*, *palmerer*, *pedregador*, *perellonerar*, *persolada*, *ponentós*, *tarquimat* i *torder*.

Ara en comentarem alguns dels més interessants.

acepellar *v.* Fer-se el cep baix i ample. *Acabada la Guerra Gran, les vinyes de la Casa dels Rojals estaven ja ben "foradades", és a dir, amb redols que solien començar per les parts centrals, on els ceps s'acepellaven i darrerament morien.* (*Temps de batuda*, 1991: 24, 15).

Derivat verbal de *cep* que fa referència a 'vinya cultivada de forma baixa'.

aitànic *adj.* Característic de la serra de l'Aitana. *Algunes vegades parlem encara d'aquella excursió en què ens mostrares els teus coneixements pràctics de botànica i altres ciències aitàniques -va acabar mig en broma.* (*La idea de l'emigrant*, 1982: 277, 22).

La Serra d'Aitana és ben coneguda per Valor, ja que passava els estius a Penàguila, lloc d'origen del seu pare, i esdevé un símbol destacat en l'obra d'aquest narrador valencià. Balaguer (2011) relata que Aitana es revesteix d'una força mítica gairebé divina, un poder còsmic que, si els seus habitants col·laboren, pot oferir pau, un silenci curatiu i herbes medicinals...

aixampanyat *adj.* Beguda, amb característiques del xampany. *L'àpat, l'acompanyàvem del vi de David, lleument aixampanyat natural.* (*Enllà de l'horitzó*, 1991: 309, 6).

De *xampany* 'Vi escumós, blanc o rosat, elaborat a l'estil del que es produeix en la regió de la Xampanya'.

alacraner *adj.* Lloc, on hi ha alacrans. *L'endemà, es posà una altra vegada en camí, i per ses jornades va travessar els deserts i les llomes alacraneres i arribà per fi a València i en el palau reial.* (*El xiquet que va nàixer de peus*, 1975: 296, 18).

Un altre terme derivat que es basa en *alacrà* (*Buthus occitanus*)[15] 'Aràcnid amb cua proveïda d'un fibló verinós'. En la majoria del territori de parla catalana és més conegut com a *escorpí.*

arpallotada *f.* Colp d'arpa (VALOR). *Si hi anem tots dos, ell, que té aqueixa bocota i aqueixes pototes, amb quatre arpallotades i quatre llenguades se la farà quasi tota, [...].* (*Comencilda, Secundina i Acabilda,* 1976: 441, 7).

El terme *arpada,* que no està registrat, deriva de *arpa* i es refereix específicament a un 'colp de arpa'. Cf. *sarpallotada* (< *sarpa*) (DCVB, DNV).

birba *f.* Acció de birbar. *A la nit, quan Aleix tornà amb el Mingarro de veure la birba, sa mare el cridà a l'entresol que donava al carrer, en el costat oposat al menjador, l'entrada enmig.* (*L'ambició d'Aleix,* 1982: 143, 23).

1 *Buthus occitanus*

Derivat verbal de *birbar* 'arrancar les males herbes d'un sembrat amb una eina o amb una màquina'.

ceresià *adj.* De Ceres, deessa romana protectora de les messes i l'agricultura. *[...] com una ofrena; per les boques entreobertes dels oficiants del*

15 Les imatges incloses en aquesta obra provenen de l'autor o han estat cedides per l'Herbari Virtual de Banyeres de Mariola i Alacant, disponible a http://herbariovirtualbanyeres.blogspot.com. Per adaptar-les a la publicació d'aquest llibre en format blanc i negre, algunes s'han processat utilitzant la tecnologia DALL·E (IA), la qual ha permés una reproducció detallada i respectuosa de les obres originals.

ritus ceresià -on no faltaven les sacerdotesses-, cofats amb capells amples com a para-sols, sorgia una lletania endormiscada de cançons; [...]. (*Sense la terra promesa*, 1991: 1, 11).

Un derivat del nom Ceres, la deessa romana de l'agricultura. En la mitologia grega, Ceres és coneguda com a Demèter.

citronar *m.* Camp amb citrons (*Diplotaxis erucoides*) (VALOR) . *[...] del fons amagat dels barrancs propers, de les fontetes, dels bancals d'ordi i de blat, de dins els erm coberts de citronar...[...].* (*El Castell d'Entorn i no Entorn*, 1975: 369, 1).

2 *Diplotaxis erucoides*

Un derivat de *citró* 'Planta herbàcia crucífera de fulles inferiors pinnatipartides i superiors oblongues, flors blanques disposades en raïm i síliqües amb dos rengles de llavors'. Planta més coneguda com a *ravenissa blanca.*

corbessa *f.* (*Corvus corax*) La muller del corb. *Doncs el misteri estava que ell i la seua corbessa, o siga la muller, ho havien consultat a la seua cosina, la comare blanca, aqueixa garsa que té fama de ser l'ocell més astut i desvergonyit del món.* (*La rabosa i el corb*, 1976: 423, 3).

3 *Corvus corax*

És important recordar que Enric Valor en les *Rondalles Valencianes* i en altres narracions, fa servir animals com a personatges, tal com es veu en la rondalla *La rabosa i el corb*. En aquesta història, el personatge principal és un *corb*, i Valor crea un personatge femení anàleg (similar a la relació entre *mestre/mestressa*).

descorconador *m.* Ferrament que serveix per a arrancar i sanejar la fusta seca dels arbres, consistent en una fulla de ferro o d'acer acabada en punta fixada a un mànec de fusta. *[...] en un racó, un furgatxo que semblava ser l'encant de Jeroni, ple d'aixades, pics, picoles, escarpres i martells de pedrapiquer, un perpal, un aixol, un descorconador, aixadelles, alguna rella, cabassos i altres entriquells de camp.* (*Sense la terra promesa*, 1991: 212, 18).

Pel que fa a la paraula *corc* 'un insecte que fa malbé la fusta dels arbres', s'ha generat el derivat *descorconar.*[16] Aquest terme, que no es troba en cap

16 Josep Vicent Cascant i Jordà al seu treball sobre el lèxic de l'olivera defineix el verb descorconar: "v. tr. derivat de corc, corcó, traure la part seca i gruixuda del tronc i de la soca de les oliveres. Efectivament: els descimaladors, amb pics o qualsevol cosa que acabés en punta, treien tota la fusta vella, corcada, seca, etc., de les oliveres tant perquè aquesta podrida no anés a més, com també per qüestions estètiques. Segons el DCVB (3: 526), corc 1. m insecte de vàries espècies que rosega i destrueix cereals, fruites, fusta, etc. El seu sentit literal seria traure el corc de la soca de l'arbre. El DCVB no recull aquest verb. És la forma habitual del Comtat." (Cascant, 2014: 178).

dels diccionaris de referència, té un significat específic al migjorn valencià 'arrancar i sanejar tota la fusta seca dels arbres'. A partir de *descorconar*, es genera el mot *descorconador*, que designa el ferrament que usen els llauradors per aquesta tasca. Aquesta eina té les característiques especificades en la definició.

enratar *v. intr. pron.* Algun lloc, omplir-se de rates. *De tota manera, de no seguir els gats en el poble, hi havia el perill de tornar a enratar-se, i així ho pensà el batle, home que tenia fama de prudent, [...].* (*Joan-Antoni i els torpalls*, 1976: 231, 21).

Derivat de *rata*.

enviscador *m,. f.* Persona que envisca. *-Ets un gran enviscador, Toni -va fer David.* (*Enllà de l'horitzó*, 1991: 432, 2).

El substantiu derivat del verb *enviscar* que significa 'untar una branca o una superfície amb una substància enganxosa', és *enviscador*. Aquest terme fa referència a la persona que realitza l'acció de *enviscar*, i és una variant valenciana, tortosina i baleàrica del mot *envescar* (DCVB).

esblavissar *v.*

1a. *intr.* Aparéixer la llum del dia. *Tiraren avant enmig de la fosca, que ja s'esblavissava per llevant.* (*L'ambició d'Aleix*, 1982: 149, 16).

1b. *intr.* Una cosa, una espècie, una entitat, un esdeveniment, un fenomen, un pensament o un atribut, donar les primeres mostres de la seua existència en un moment, en un lloc o en una circumstància determinats. *Però guaità en direcció a la capital, i va veure que era lluny, ben lluny. Les torres, els campanars, les muralles, l'orgullós i colossal Miquelet, s'esblavissaven enmig la tènue boirina del matí.* (*Abella*, 1976: 101, 19).

Aquest derivat de *blau* no és inventariat en cap dels diccionaris consultats; tampoc Valor en fa cap esment als seus.

gral·lador *adj.* Animal, que gralla. *[...] futur recapte d'aquells gaigs de vius colors, gralladors i agressius, que es sentien moltes vegades, però que comptades voltes es podien descobrir.* (*Temps de batuda*, 1991: 248, 11).

grallament *m.* Crit estrident d'un corb'. *De dalt les altes crestalleres, semblaven acomiadar-los els xiscles dels esparvers i el grallament de les cornelles i els corbs, volant tots incansables sobre els abismes.* (*Sense la terra promesa*, 1991: 346, 13).

Els termes *grallament* i *gralleig* són derivats de *grall* o *gralla/grallar*. Tots dos fan referència a 'crit estrident d'un corb' (DNV). *Grallament*, apareix una vegada en l'obra literària de Valor.

nevador *adj.* Hivern, nevar molt. *Ja tots passats de la vintena, cansats de treballar les migrades terreues del maset i de menjar pa de dacsa o de sègol i melva adobada a l'intemperi, un hivern llarg i nevador que no era cosa de dir, [...].* (*Esclafamuntanyes*, 1976: 25, 20).

nevarsejada *f.* Caiguda lleugera de neu. *La nit era geladíssima, puix que febrer rebolicava l'atmosfera amb vents i nevarsejades.* (*Els guants de la felicitat*, 1975: 159, 16).

El primer és un adjectiu que deriva del verb *nevar*. El segon és un substantiu derivat del verb valencià *nevarsejar* 'nevar lleugerament a colps petits i nombrosos', variant ultracorrecta de *nevassejar* i documentat en el DCVB, precisament en un text rondallístic d'Enric Valor.

pedregador *adj.* Part de l'any, en que pedrega. *-Santa Rita, que s'escau pel dia vint-i-dós o vint-i-tres, ha estat sempre bastant pedregadora.* (*Enllà de l'horitzó*, 1991: 229, 8).

Adjectiu derivat de *pedregar* 'caure calamarsa: precipitació en forma de grans de gel arredonits i mig transparents, formats en un núvol de tempesta, que no es trenquen en caure a terra'.

persolada *f.* Acció de persolar. *Anaren molt lluny, en una heretat que es deia el mas dels Pinarets, ja del terme de Banyeres, on s'estava fent una gran persolada.* (*Esclafamuntanyes*, 1976: 32, 21).

Derivat del verb *persolar* 'Algú, convertir en conreu un terreny boscós arrancant-ne els arbres, cremant el bosc baix i cavant i llaurant molt profundament (DNV)'.

tarquimat *adj.* Algú o animal, brut de tarquim. *I el millor bacó del Regne de València, pare de cent porcells i avi de cent i cinquanta... ferit, mort, tarquimat i perdut.* (*Els tres plets de Pasqua Granada*, 1976: 305, 17).

Derivat del substantiu *tarquim* 'Llot dipositat per l'aigua, emprat com a adob en agricultura'.

torder *adj.* Ocell, que s'alimenta de tords. *Doncs que ells tampoc no l'havien mort, i allò, l'animal aquell, tenia ja uns esperons i unes piorles que semblava una esmirla tordera..* (*El pollastre de festes*, 1976: 395, 13).

4 *Turdus philomelos*

Adjectiu derivat de *tord* (*Turdus philomelos*) 'Ocell migrador amb el dors bru verdós i el pit i el ventre blancs amb taques brunes en forma de punta de sageta, que s'alimenta d'insectes i principalment d'olives, apreciat com a comestible i molt caçat als boscos i bosquines de l'interior'.

3.1.1.4. L'habilitació

5 Felis sylvestris

cerval *m.* (*Felis sylvestris*) Gat salvatge o (*Lynx* sp) linx (VALOR). *Aquell bosc és ple de llops, raboses i cervals; però la casa té porta, finestres i bones reixes.* (*La mestra i el manyà*, 1976: 399, 3).

El derivat de *cervo*, segons explica el mateix Valor (2013–4, 148), fa referència al *gat salvatge*. És possible que hi haja hagut una el·lipsi de la paraula *gat*: (*gat*) *cerval*. Aquesta forma, que inicialment era un adjectiu, ha evolucionat per a ser utilitzada com a substantiu.

colliter *adj.* Arbre o planta, que fa collita d'un producte determinat. *Jo, ben menut, coneixia a fons -és clar que amb coneixements vulgars però certers- tota mena d'arbres colliters de la nostra zona climàtica, [...].* (*Temps de batuda*, 1991: 20, 2).

Un altre exemple d'adjectiu format a partir d'un substantiu és *colliter*. Originàriament, *colliter* es referia a 'la persona que fa collita'. Enric Valor, però, utilitza aquest terme d'una manera innovadora: 'els arbres o plantes que tenen collita', transformant-lo així en una adjectiu. Aquest ús singular expandeix el significat original del mot per descriure les característiques d'arbres o plantes en període de *collita*.

llenyater *adj.* Característic dels llenyataires. *I, amb tota la seua llibertat llenyatera, ell i la dona escassejaven bastant de la menjuga i passaven més fam que Garronus —un romà flaquíssim, del seguici d'Arènius, que havia caigut en desgràcia en l'afecte del seu senyor.* (*El llenyater de Fortaleny*, 1975: 32,5).

Adjectiu creat per habilitació del substantiu *llenyater m., f.*

3.1.1.5. Variants formals

aranyeta *f.* Aranyó. *Em caldrà fer-los una bona desinfecció: tenen la negra, un fong molt petit que acaba amb el fullam, i l'aranyeta i altres coses.* (*Sense la terra promesa*, 1991: 346, 7).

El substantiu en qüestió és una variant formal de *aranyó*: 'malaltia de l'olivera produïda per un insecte coleòpter'. El sufix diminutiu –*ó* se substitueix per –*et*, –*eta*, donant lloc a formes com *aranyeta*.

bajoquetar *m.* Camp de fesoleres (*Phaseolus vulgaris*), planta de la família de les papilionàcies, enfiladissa, de flors blanques o rosades i de llegums i llavors comestibles, molt conreada per a l'alimentació humana. *Les flairoses tomaqueres, el bajoquetar pacientment encanyat i carregat de fruit i de flor, un quadro de dacsa esplendorosa de panolles i un bancal de blat espés i sucós...* (*El darrer consell*, 1976: 370, 13).

El terme *bajocar* deriva de *bajoca*. El diminutiu *bajoqueta* ha arribat a lexicalitzar-se i, com veiem, pot arribar a generar un col·lectiu semblant: *bajoquetar*.

6 *Phaseolus vulgaris*

coiolt *m*. Variació formal de *coiot* que no és arreplegada en cap diccionari. Enric Valor sí que l'ha inclosa en el *Vocabulari escolar de la llengua*. El mateix autor hi vacil·la: en aquest diccionari apareixen les dues en la mateixa entrada. *Coiot* (*Canis latrans*) 'Mamífer carnívor americà, de la família dels cànids, més petit que el llop i de pelatge espés de color grisenc'. *Quelcom se'n va separar: eren dos gossos conillers; un d'ells udolà, el musell apuntant al cel, com els coiolts a les nits de lluna*. (*Temps de batuda*, 1991: 261, 13).

7 canis latrans

cut-cut *interj.* Variant formal de *cucut*. És l'onomatopeia del so que fa el cant d'un *cucut* (*Cuculus canorus*), de nom precisament onomatopeic: 'Ocell de plomatge cendrós blavenc i de cant monòton i característic, la femella del qual pon el ous en nius d'altres espècies'.—*Cut-cut, cut-cut! No hi havia dubte: el cuquello cantava ja.* (*Home roig, gos pelut, pedra redona,* 1976: 256, 10).

8 *Cuculus canorus*

gorgolleig *m.* Borbolleig. *Allò era pels voltants de la Canal, on naix el riu d'Ibi: un lloc delitós, fresc i assolellat, tot acompanyat, seguit, de tendres refiïs de rossinyols i gorgolleigs misteriosos de fontetes amagades.* (*El tres plets de Pasqua Granada*, 1976: 303, 20).

Variant formal de *borbolleig* 'Soroll d'un líquid que fa borbolls, o siga, que és impulsat en sentit ascendent i produeix un inflament en la seua superfície lliure'. Amb un encreuament de *gorgoll* 'raig o broll d'aigua, d'una font, etc.' (DCVB), emprat al català occidental.

3.1.1.6. *Altres novetats*

alacrana *f.* (*Gryllotalpa gryllotalpa*) Cadell (VALOR). *[...] xerrics brillants dels grills, habitadors d'arbres i verdines; bordonaments de les misterioses alacranes dins els seus caus invisibles, i el riure de les aigües ignorades en sequioles i fontinyols.* (*El príncep desmemoriat*, 1976: 187, 15).

Aquest és un substantiu molt interessant perquè en el glossari de les *Rondalles Valencianes* (2010–6, 146), Enric Valor fa la definició de *alacrana* i diu: 'sembla que és l'anomenat *acheta campestris*'. Però, tal com s'indica en la definició del DOLEV-*Natura*, sembla que és el *cadell* (*Gryllotalpa gryllotalpa*) 'Insecte que obre galeries subterrànies i és perjudicial per a les plantes'. Segurament, per a diferenciar-lo de l'*alacrà* vertader s'ha feminitzat el nom.

9 Gryllotalpa gryllotalpa

mocigaló *m.* Ratapenada (DECAT). *Com a resposta, dalt al cel la tronada va redoblar la seua fúria, un llamp esqueixà els núvols des dels pics negres com ales de mocigaló de les Penyes de Camara...* (*El jugador de Petrer*, 1980: 199, 16).

10 Ratapenada

Al migjorn valencià, es conserva una forma de *ratapenada* 'Mamífer volador de l'ordre dels quiròpters, amb les ales consistents en una membrana cutània sostinguda pels dits de la mà, extraordinàriament allargats, que utilitza ultrasons per guiar-se i caçar'. Segons Coromines (V, 849a36), aquests termes provenen del mossàrab com *mosseguello* a Crevillent. Aquest tipus de lèxic, amb *moceguillo* i altres variants, es troba també a terres de Múrcia, al Baix Segura i a la Manxa.

3.1.2. Novetats semàntiques: accepcions no enregistrades

Poques investigacions s'han realitzat sobre les noves accepcions que Enric Valor empra en les seues obres, tant literàries com lexicogràfiques. Es destaca l'estudi de Casanova (1996, 152), que enumera algunes trobades en el *Diccionari Castallut* de Valor i Josep Giner.

En una revisió del lèxic natural, s'han identificat 72 accepcions noves, equivalent a un 2 % del total. Aquest percentatge és inferior al 3 % de noves paraules trobades (50). D'aquestes noves, 3 han estat registrades per VALOR.

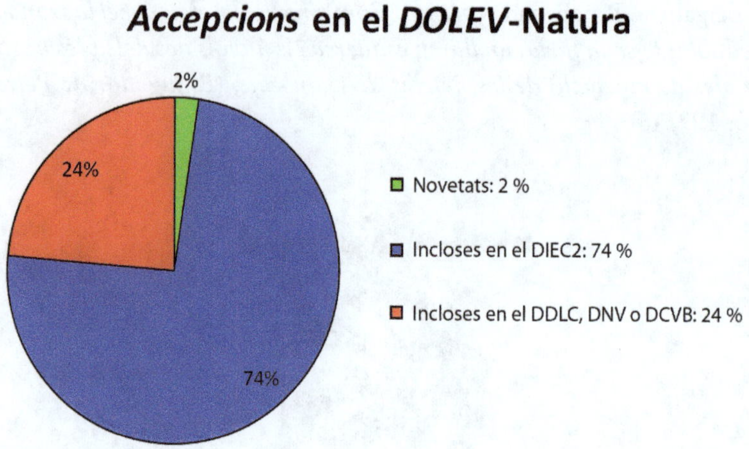

Figura 2 Novetats semàntiques

Tot i que són nombroses, les accepcions noves trobades en l'obra literària d'Enric Valor mereixen una atenció especial, encara que siga només amb una selecció de les més rellevants. Cal destacar també la dificultat d'identificar el que pertany a l'estil literari enfront d'usos ja arrelats en el català. La major part d'aquestes noves accepcions sorgeixen de processos metafòrics o metonímics, com es pot observar en la classificació que s'ha fet.

Vegeu alguns exemples rellevants d'accepcions metafòriques:

abrasit *adj.* Activitat, esgotadora (VALOR). *—Jo em faré vell —deia l'Adrià— i necessitaré un fadrí que m'ajude en les feines feixugues i abrasides; almenys un.* (*Nabet*, 1976: 356, 14).

Enric Valor, en el glossari de les *Rondalles Valencianes* (2011–8, 147), descriu *abrasits* 'es diu familiarment dels treballs molt esgotadors, com els de l'agricultura'. Aquest terme és encara viu als dialectes meridionals i representa una projecció metafòrica de l'estat de tenir set i fam. Aquesta expressió s'utilitza quan falten els recursos, com els diners, i cal treballar intensament per subsistir. La primera accepció de *abrasir* és arreplegada pel DDLC i 'set i fam', pel DCVB que, a més a més, explica que les dues formes es conserven al sud del País Valencià.

arrelar *v.*

o *tr.* Una cosa o un fenomen atmosfèric, fixar-se a un lloc. *Darrers d'octubre, i ve una nuvolada com la que tenien, i s'arrela l'airet de la mar, i vinga traure boira espessa com si fos cotó-en-pèl, [...].* (*Contalles de la boira*, 1982: 340, 27).

o *intr.* Béns o possessions agràries, fixar-se al sòl.

> ➢ *adj. Havia posseït des de sempre una gran fortuna en béns arrelats a terra -masos, boscos, cases-.* (*Sense la terra promesa*, 1991: 2, 5).

Aquests dos sentits de *arrelar* tenen una base metafòrica ja que els dos es formen a partir de la idea de *enganxar-se*, però amb la diferència que el primer cas és l'aire que ve de moment i *s'enganxa* a la muntanya i, en l'altra accepció, els *masos*, *boscos* i *cases* ja hi són *enganxats* a la terra.

engolfar *v. intr. pron.* Algú, endinsar-se muntanyes endins, fins a perdre's. *S'hi passen plans, rius, torrents i congosts força dificultosos; hi ha terribles camps d'esbarzers on us engolfaríeu i us enganxaríeu per mesos o periríeu amb les vostres robes i carns esqueixades...* (*El Castell del Sol*, 1975: 96, 7).

➢ *adj. Sí que es presentava lleig l'oratge; no era cosa de quedar-se engolfats dins els colls i els barrancs difícils que havien de travessar.* (*Sense la terra promesa*, 1991: 92, 31).

Enric Valor aplica el significat de *engolfar* 'una embarcació, endinsar-se mar endins, fins a perdre de vista la riba' a les persones i canvia el *mar* per la *muntanya*, a més a més, inclou el concepte de 'perdre's' per cosir aquesta nova accepció.

La major part de les noves accepcions metafòriques identificades en l'obra d'Enric Valor es manifesten en substantius que adquireixen un significat diferent. S'han observat exemples on es fa una projecció d'un esquema espacial en un context més abstracte. No obstant això, resulta complicat determinar si aquests són usos semantitzats de la llengua o simplement recursos estilístics, com s'ha mencionat adés.

pendent *m.* Part més profunda i incomprensible del pensament o de l'ànima. *Banyuls, de sobte, s'adonà que no es podia deixar anar massa lleugerament pel pendent de les seues opinions i desigs.* (*Sense la terra promesa*, 1991: 179, 11).

penya-segat *m.* Part més profunda i incomprensible del pensament o de l'ànima. *Tanmateix, el reflux d'aquestes onades s'estavellava amb poca eficàcia contra els penya-segats del cor de Maria-Júlia, obsessionada internament pels seus problemes de dona fogosa i alhora rígida i desorientada, [...].* (*Sense la terra promesa*, 1991: 608, 13).

Si ens fixem en les accepcions d'aquests dos substantius espacials (*pendent* i *penya-segat*), s'observa que la definició és una de les accepcions de *abisme*. Tenen una base metafòrica i remeten a esquemes abstractes.

Cal destacar un altre grup de mots amb accepcions metafòriques: els noms d'animals o les seues parts.

cadell *m., f.*

- o Fill. *Els retia el "vostè" més natural i cerimoniós, tan jovenets com eren encara els cadells de l'amo -ella encara xica, i Rafelet un adolescent no gaire desenrotllat-, perquè això era l'inveterat i fort costum establit.* (*Sense la terra promesa*, 1991: 251, 10).
- o Fill d'un lloc. *¡Allò sí que va ser un heroi de veritat: displicent, valent, flixat, astut!... ¡Quin cadell de la terra dels cingles i dels barrancs!* (*Don Joan de la Panarra*, 1976: 321, 10).

Des de l'accepció de *cadell* 'petit del gos', o siga, 'el *fill* del gos', s'han construït metafòricament les altres dos: 'fill' i 'fill d'un lloc'.

cetaci *m.* Alguna cosa molt gran. *[...] a cavall del trencament que separa la Serrella -la de les crestes dentudes i dilatades- del cetaci immens i escapçat de l'Aitana.* (*L'ambició d'Aleix*, 1982: 48, 19).

Enric Valor empra el significat de *cetaci* 'ordre dels mamífers marins, amb la cua transformada en una aleta caudal ampla de funció propulsora, que comprén les balenes i els dofins' per a explicar la diferència entre una serra petita, Serrella, i una serra immensa, l'Aitana; i ho fa comparant-la amb uns dels mamífers marins més grans que existeixen.

El següent és un altre exemple d'accepció nova creada metafòricament a partir de *escata* 'Placa petita i plana que, juntament amb d'altres, cobreix el cos d'un peix o d'un rèptil'.

escatós *adj.* Alguna cosa, amb forma d'escata. *Cridava l'atenció la seua soca gruixuda i serpejant, escatosa, que semblava la cua d'un drac fabulós arrapant-se frontera amunt.* (*El pollastre de festes*, 1976: 402, 6).

Un altre cas, sobre el qual hi ha estudis,[17] és el nom dels núvols. Enric Valor fa servir dues novetats, *cabiró* i *peix*, les dues projectades metafòricament perquè s'hi assemblen per la figura. Valor (2013–4, 147) explica el significat figurat de *cabiró*, tal com es pot copsar en l'exemple.

cabiró *m.* Núvol petit i bastant compacte (VALOR). *Dia de juliol: cabironets de bon temps per dalt les altes carenes, cel rentat.* (*El rei Astoret*, 1975: 314, 14).

peix *m.* Núvol en forma de peix. *S'havia girat fred; pel cel corrien aquells peixos daurats que solen fer-se a la posta, aquelles esmoladores gegantines que animaven a darrera hora del dia la solitud del cel.* (*Sense la terra promesa*, 1991: 493, 18).

A partir dels fenòmens meteorològics com *boira* o *llamp* també es produeixen noves accepcions metafòriques.

boira *f.* Somnolència. *Unes hores després, entre les boires de la son, va sentir l'escataineig d'unes gallines i el cant agut i familiar d'un gall.* (*Abella*, 1976: 116, 8).

L'accepció 'somnolència' del substantiu *boira* s'ha bastit des del concepte de 'transparència', quan hi ha *boira* no hi ha nitidesa. Aquesta idea s'ha projectat cap a un dels estats de la son, aquell en el qual hi ha certa dificultat en la percepció, però s'és capaç de sentir estímuls exteriors.

llamp *m.* Manifestació violenta d'un record. *Ell ho veia així amb una emoció profunda. Llamps de record l'il·luminaven malenconiosament.* (*La idea de l'emigrant*, 1982: 289, 1).

Una de les accepcions no normatives de *llamp* aplegada en el DDLC és 'manifestació violenta d'un sentiment' que també s'ha construït metafòricament. Enric Valor fa un pas més enllà, la projecta cap als *records* i genera aquesta nova accepció.

Finalment destaquem que Enric Valor (2010–6, 148) recull una accepció nova per al substantiu *bordonament*.

bordonament *m.* Cant dels cadells, semblant a un seguit de notes greus, com de bordó (VALOR). *[...] xerrics brillants dels grills, habitadors d'arbres*

---

17 Molt interessant són els reculls d'Albert Manent sota el títol 'Els noms populars dels núvols, boires i vents...' de diferents comarques i llocs d'on arreplega aquests mots gràcies a les entrevistes amb la gent més gran que coneixia molt bé aquests temes, normalment llauradors, ramaders, pastors... gent del camp.

i verdines; bordonaments de les misterioses alacranes dins els seus caus invisibles, i el riure de les aigües ignorades en sequioles i fontinyols. (*El príncep desmemoriat*, 1976: 187, 15).

Aquesta nova accepció ha estat bastida mitjançant la comparació del so que fan les *alacranes* (*cadells*) (*Gryllotalpa gryllotalpa*) 'Insecte que obre galeries subterrànies i és perjudicial per a les plantes', al cantar amb el que fan els *bordons* 'campana de so més greu en un carilló'.

apegar-se com una llapassa *loc. verb.* Adherir-se fortament. *I ell arribà a desesperar- se, puix tenia l'amor a ella apegat com una llapassa enmig del cor.* (*Contalles de la boira*, 1982: 340, 26).

Aquesta locució és inventariada pel DIEC2 encara que amb un altre significat 'fer-se pesat' i el DNV l'arreplega amb el significat de 'buscar companyia'. La tractem en aquest apartat perquè és una accepció metafòrica, encara que siga d'una locució.

El següent tipus de noves accepcions són aquelles formades a través de la metonímia. Exposarem alguns exemples per il·lustrar aquest mecanisme de creació lèxica.

airós *adj.* Vestit o peça de vestir, desplaçar-se suspesa en l'aire per la força del vent. *[...] bonica amb el seu gipó ajustat, la seua airosa falda de ratlles multicolors, [...].* (*Abella*, 1976: 108, 24).

Accepció creada metonímicament perquè explica una qualitat d'una peça de vestir, en aquest exemple i en la majoria d'altres casos es refereix a una falda.

alcig *m.* Indret on s'amaguen coses de valor (VALOR). *Amb les cent lliures guanyades, ficades en un alcig de les alforges, Joan-Antoni anava alegre com unes pasqües.* (*Joan-Antoni i els torpalls*, 1976: 229, 13).

Aquest és un mot que només s'usa al sud del País Valencià. Tant Enric Valor (2013–1, 126) com el DNV expliquen que significa "conjunt de coses de valor ben alçades i guardades", encara que en el glossari de les *Rondalles Valencianes* (2010–6, 147) també es diu que per extensió és "el lloc on es guarden". És un derivat del verb *alçar* i el DECAT (I, 230b57) el defineix com a "compartiment per desar" i l'escriu també com *alcitx*. En el mateix DECAT (I, 233a14) Coromines conta que és vagament mossàrab i que Valor hauria de dir si només es diu a Castalla. El mestre castallut ens informa que en castellà és una *talega, Vocabulari escolar de la llengua* (1989, 179). Segons Colomina (1996, 229) és germà del baix-aragonés *alcijo* "cantidad de dinero o cosas comestibles que uno guarda secretamente". A la Marina, *alça(d)illo*. Per tant, no deu ser un mot genuí.

colgar *v. intr.* Un sentiment, amagar.

➢ *adj. [...] restes històriques, ofenses que ja no eren, a força d'oblit, més que un poderós sentiment colgat en l'inconscient de la gent del poble, on obrava com un instint.* (*Temps de batuda*, 1991: 316, 7).

Un altre verb que pren un significat nou metonímic: quan alguna cosa es *colga*, és *amagada*; en aquest cas, s'aplica a un sentiment.

sardina *f.* Mort. -*O hi haurà alguna sardina! És a dir, un mort.* (*Sense la terra promesa*, 1991: 524, 20).

El fragment de la novel·la revela el significat de *sardina* en aquest context. No s'han trobat indicis clars d'on ve aquesta accepció, però segurament aquest sentit resulta de 'persona o bèstia magra, molt prima' (DCVB).

mallada *f.* Lloc on algú pernocta. *Al capdamunt de la serra, hi ha un pla rodat d'alts penyals grossos, i allí és on tenen la mallada els roders.* (*Don Joan de la Panarra*, 1976: 344, 12).

El DCVB utilitza una accepció semblant 'lloc arrecerat on s'aturen a reposar els pastors i llurs ramats', però la novetat és que Enric Valor no sols l'usa per als *pastors* sinó també per a altre grup de persones, els *roders*.

D'altres novetats semàntiques:

rellampec *m.* Esclat de llum viu i instantani. *[...] un home estrany, prim i llarg, de gran nas aguilenc i ulls esqueixats i plens de rellampecs.* (*El dimoni fumador*, 1975: 209, 20).

Rellampec és sinònim de *llampec* i una de les formes emprades en el català occidental. Valor fa servir aquestes dues formes amb el mateix significat.

server *m.* (*Brachypodium retusum*) Fenàs. *Pep el col·locà sobre un tou de server, i ell se li va asseure a la vora.* (*Sense la terra promesa*, 1991: 488, 4).

Aquesta accepció s'ha creat a partir del nom compost *fenàs server* com d'altres compostos explicats adés, *gat cerval>cerval*. Només l'arreplega el DCVB i Pellicer (2001, 58) que el localitza a Tibi; tant Valor com el metge valencià utilitzen el nom de *fenàs* i el de *server* com a sinònims. En el català general, s'usa el nom de *fenàs* 'Planta de la família de les gramínies, de tiges ramificades, fulles estretes i abundants i espiguetes llargues i primes, molt abundant a la Mediterrània' com a general per a designar diversos gèneres i espècies de gramínies i el de *llistó* (*Brachypodium retusum*) al Roselló, l'Empordà i el Vallés (DCVB).

vibra *f.* (*Elaphe scalaris*) Sacre. *Ix el sacre, que és bastant llarg, més que l'escurçó, i ample, amb una escala pintada en el llom i una espècie de berruga damunt del morro... [...] en acabant, baldada la vibra, la talla ben tranquil de quatre mossos....* (*Temps de batuda*, 1991: 58, 14).

11 Elaphe scalaris

Una de les accepcions inventariada en els diccionaris és la de 'escurçó', però en aquesta ocasió Enric Valor empra *vibra* com a *sacre* 'Serp de cap molt semblant a l'escurçó, de color blanquinós amb dues ratlles negres longitudinals al llom que, en els exemplars joves, es troben connectades per unes bandes transversals a mode d'escala, que habita a les muntanyes del sud del País Valencià'. En el fragment de la novel·la parla de *sacre* i de *escurçó*, però realment qui acaba 'baldada' és el *sacre*.[18]

18 Reproduïm l'exemple complet:"-Ah si els veia treballar, senyoreta! -s'esplaià ell-. Ix el sacre, que és bastant llarg, més que l'escurçó, i ample, amb una escala pintada en el llom i una espècie de berruga damunt del morro... Si és en terra plana, no té escapatòria: el "fosterer" se li tira de rondó, me l'agafa pel bascoll i amb un parell d'espoltides li desconjunta l'espina; en acabant, baldada la vibra, la talla ben tranquil de quatre mossos... Els escurçons són més lleugers i perillosos, i a vegades li claven mossegada en el cap i aquest se li unfla com una barcella abans de morir".

3.1.3. Unitats fraseològiques

L'última secció de novetats lexicogràfiques en l'obra literària d'Enric Valor es dedica a la fraseologia. Aquesta part inclou l'anàlisi de les locucions, així com els refranys i es classifiquen segons el tipus. En aquesta revisió, s'han identificat 79 unitats fraseològiques noves. Aquesta xifra supera tant el nombre de paraules noves (50) com el d'accepcions noves (72). A més, el percentatge de novetats fraseològiques és considerablement més alt, com es pot veure a la figura 3, arribant al 23 %. Això contrasta amb els percentatges de lèxic nou (3 %) i d'accepcions noves (2 %). D'aquestes 79 unitats fraseològiques, 12 han estat inventariades per altres diccionaris, incloent-hi VALOR (9), el DGMG (1), el DECAT (1) i el GDLC (1).

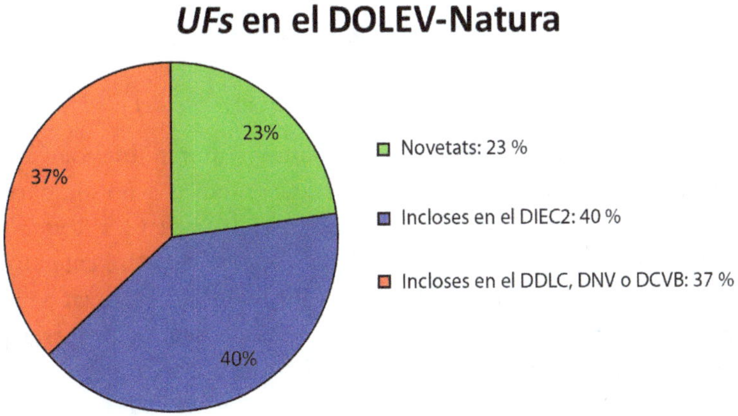

Figura 3 Novetats fraseològiques

- Locucions verbals: *anar al bou, anar-se'n pels núvols, cobrar pel pebre, davallar del cel, deixar per conills verds, despedregar el camí, donar la calda, eixir del cau, enganxar-se com les cireres, ennuvolar-se el temps, esmorzar com un jònec, esperar en barraca/barraqueta, ésser un tronc, fer carraix, fer el bou, fer llenya, fer mallada, florejar les terres, matar dos ocells d'un tir, menjar com un tro, no alçar una sargantana de la cua, pareix una canya d'haure nius, picar un sacre, tancar a pedra i puny, tirar a gat i tirar l'ase per la finestra.*

- Locucions nominals: *alls durs, argelaga vera, botes vuitantenes, botja fematera, botja negra, bous i torades, bufalaga vera, cigró de saüc, cos de podadora, falcilla reial, gat empiulat, gra d'arena, herba coronel·la, llàgrima cocodrilesca, llavadora de penya, neu borda, perera tendral, pi donzell, raig de Sant Martí, terra fetge, vida conreada.*
- Locucions adjectivals: *baldat com un lluç, baldat com un ruc, baldat com una tonyina, com a canyes, com a ribes, com cep fruitós, com un albadoc de magraner, com un callòs, com un jònec, com un palloc, com una canya de marge, com una canya d'haure ametles, en clar, ésser un bou, fer cara de mussol, fet un margalló, fora del cavat, lleig com un fes, més toix que una òbila, roig com l'espiga de panís, vermell com un titot.*
- Locucions adverbials: *a bot de sacre, a núvol, com el blat a Castella, com un gat cerval, com un ocell engabiat, com un rellampec, com/per/en un rellamp, no pesar una voliana, un no com un perelló.*
- Locucions interjectives: *ni un gra.*
- Refranys: *cap avall l'aigua corre i l'oli diu al vi, vine ací cosí.*

Com es pot veure, Enric Valor fa un ús extens d'unitats fraseològiques, moltes de les quals representen novetats lexicogràfiques o no són normatives. Els personatges de les seues obres, especialment en les *Rondalles,* utilitzen un llenguatge que reflecteix la manera de viure i d'entendre el món de la gent de les terres valencianes. Tot i haver literaturitzat aquests elements, Valor aconsegueix que els seus personatges empren aquesta fraseologia, juntament amb dialectalismes i lèxic tradicional, per mantenir la fidelitat al gènere narratiu. Maria Conca[19] (1996: 47–60) ha estudiat i

19 Maria Conca acaba l'article sobre la riquesa fraseològica d'Enric Valor amb aquestes sàvies paraules: "En conclusió, l'estil de llengua configurat per Valor s'ha adequat perfectament a les exigències de versemblança del món de ficció de la rondalla, car aquest és un text que conté unes marques personals, espacials i temporals molt específiques, on trobem uns personatges: llenyaters, bruixes, forners, gegants, velletes, reis, prínceps, cavallers, dimonis, que han de parlar d'acord amb la seva condició i segons l'interlocutor, el tema i la situació comunicativa. Així, tant el narrador com els personatges, quan es troben en situacions interactives, de diàleg, usen una llengua oral col·loquial, rica en matisos expressius, que venen donats, en gran mesura, per les característiques de la fraseologia emprada, corresponent a una varietat molt interessant de la llengua catalana en el coneixement de la qual Enric Valor és cap de caps".

classificat algunes d'aquestes unitats fraseològiques en la producció rondallística de Valor. En aquesta anàlisi, ens centrarem en aquelles unitats que constitueixen una novetat lexicogràfica.

No pretenem fer un estudi teòric sobre les unitats fraseològiques: locucions, refranys... Altres autors com Fuster & Sánchez (2012 i 2014) o Corpas (1996) han reflexionat sobres aquest tema; siga'ns permés de recordar només les paraules de Fuster & Sánchez (2014, 244):

> Les UFs són unitats del lèxic que presenten essencialment una particularitat: estan formades per altres unitats que pertanyen al mateix nivell de la llengua, és a dir, són polilèxiques. Aquest tret l'adquireixen mitjançant un procés de fixació observable des d'una perspectiva diacrònica. Es tracta d'un procés que parteix d'una combinació lliure de paraules amb característiques diverses i conclou amb una expressió amb un grau més alt de fixació, que pot anar associat a un determinat grau d'idiomaticitat, en el sentit de no-composicionalitat.[20]

Corpas (1996) classifica les unitats fraseològiques en tres categories: col·locacions, locucions i enunciats fraseològics. Com s'ha apuntat adés, aquest estudi se centrarà en les locucions i en els enunciats fraseològics, incloent-hi els refranys.

Dins del nostre corpus, les locucions comparatives són les que més destaquen quantitativament. Aquestes locucions funcionen com a recursos cognitius basats en el coneixement del món. Es fan servir per a projectar aquest coneixement cap a àmbits conceptuals nous, que poden ser més llunyans o més abstractes.

Vet-les ací:

Locucions verbals: *enganxar-se com les cireres, esmorzar com un jònec, menjar com un tro i pareix una canya d'haure nius.*

Locucions adjectivals: *baldat com un lluç, baldat com un ruc, baldat com una tonyina, com a canyes, com a canyes, com un albadoc de magraner, com una canya d'haure ametles, com una canya de marge, com a ribes, com cep fruitós, com un callòs, com un palloc, lleig com un fes, més toix que una òbila, roig com l'espiga de panís* i *vermell com un titot.*

20 La no composicionalitat implica que el significat global de la unitat no es pot deduir a partir dels significats individuals dels mots que la componen.

Locucions adverbials: *com el blat a Castella, com un gat cerval, com un ocell engabiat, com un rellampec, com/per/en un rellamp* i *un no com un perelló*.

En comentem les més interessants per alguna de les seues característiques.

Valor fa servir algunes locucions que són sinònimes i en les quals hi ha alguna petita variació com en: *com una canya de marge, com una canya d'haure ametles* i *pareix una canya d'haure nius*. El significat de les tres és el mateix 'algú alt i prim'. A banda del significat es pot ressaltar que les locucions ens ajuden a entendre on es crien les *canyes* i per què s'empren, o siga, per entendre el món que ens envolta.

Jo era alta i esvelta com una canya de marge, i feia goig com en fas tu; però molt joveniua em posaren a brodar, vinga de brodar, ¡i ja veus, de tant abaixar el cap al teler, com he parat! (*Les animetes*, 1976: 278, 13).

La vella, canosa, ullexpressiva, flaca i alta com una canya d'haure ametles, es posà dreta i va observar: [...]. (*L'amor de les tres taronges*, 1976: 147, 31).

—La parella no m'agrada: pareix una canya d'haure nius. (*L'albarder de Cocentaina*, 1976: 156, 16).

El mateix ocorre amb *baldat com un lluç, baldat com un ruc, baldat com una tonyina*. Comparen dos peixos que, per a pescar-los, cal esgotar-los; i un animal que treballa molt en les faenes del camp i de transport i que també es cansa amb 'algú molt cansat i sense forces'.

Bernadet estava baldat com un lluç; escoltava, però s'adormia sense voler. (*El xiquet que va nàixer de peus*, 1976: 288, 26).

L'Home del Sol, coent del merescut bonegó, en el fons es va alegrar molt d'aquella decisió de la muller, puix que estava més baldat que un ruc de llenyater. (*El Castell del Sol*, 1975: 114, 26).

Perquè ella venia més que baldada com una tonyina de l'incòmode viatge —hores a peu i a cavall— i no li podia venir bé posar-se llavors a fer res. (*El pollastre de festes*, 1976: 292, 3).

Per acabar amb aquest grup es mostraran per separat tres locucions: *com cep fruitós, com un callòs, com el blat a Castella*.

com cep fruitós *loc. adj.* Algú o alguna cosa, fèrtil. *I era la llei; recordà el salm que pronostica: Ta muller esdevindrà com cep fruitós dins el secret de ta casa.* (*Sense la terra promesa*, 1991: 487, 5).

Aquesta locució es fa servir metafòricament, com moltes de les anteriors en aquest cas, per descriure una dona fèrtil.

com un callòs *loc. adj.* Algú, molt prim. —*¡Oh, venia sec com un callòs, de travessar aqueixes Manxes interminables!* —*comentà tot contentó.* (*El xiquet que va nàixer de peus*, 1975: 278, 21).

Valor explica que *callòs* vol dir 'cuc gros i d'aspecte molt sec que es cria en les branques mortes o en les soques velles' (2011–3, 147). El DNV documenta aquest mot però amb el significat de *cadell* que és un insecte ortòpter. Algú molt sec, és algú molt prim, per tant és una altra locució emprada de manera metafòrica.

com el blat a Castella *loc. adv.* Algú o alguna cosa que es cria sense conreu ni cura i amb absoluta llibertat (VALOR). *Casilda ja diem que l'havia criada com el blat a Castella. De filar, teixir i aqueixes altres coses esmentades per Muntalt, no en sabia un mos.* (*Les animetes*, 1976: 272, 19).

Aquesta locució només és inventariada per Valor (2013–7, 146). A més a més, no s'ha trobat documentada en cap altre diccionari o document. Pot ser un neologisme creat pel mateix autor: Castella, a diferència del País Valencià, té molt de territori pla i, per això, molts camps on plantar *blat* i altres cereals. A més a més, sol ser una zona més plujosa que la mediterrània i no necessita tanta cura per poder créixer. L'escriptor valencià l'aplica a persones i a altres coses.

a núvol *loc. adv.* Toc de campana per a avisar d'una tempesta. *El modest riuet de Castalla passarà a riu en un bell en sec; toquen les campanes "a núvol", toc per avisar els distrets.* (*La Foia de Castalla*, 1982: 322, 20).

Locució no enregistrada en cap diccionari, encara que coneguda i explicada a diferents manuals de campaners 'toc de campana per a trencar els núvols i evitar una pedregada' (Albà & Ferret & Milà & Miret, 2013: 8). Valor empra aquesta locució 'per a avisar d'una tempesta'.

cobrar pel pebre *loc. verb.* Cobrar, molt car alguna cosa. -*Deu ser cosa d'anar-s'ho pensant i no comprar-ne sempre de la Manxa, d'aqueixos de la Hoya Gonzalo, que te'ls cobren pel pebre.* (*Sense la terra promesa*, 1991: 527, 7).

És una variant de la locució *costar el pebre* amb el mateix significat i arreplegada en el DCVB i en el DNV. A l'edat mitjana, el *pebre sec* s'emprava com a moneda de canvi: era molt car perquè normalment s'havia d'importar.

deixar per conills verds *loc. verb.* Algú, renunciar a fer o descobrir alguna cosa per impossible (VALOR). *L'anell, malgrat totes les recerques, no apareixia, i ella i Roseta, com que havien regirat tots els amagatalls i racons de la casa i tots els prestatges i calaixos de la botiga, a la fi s'ho van deixar per conills verds, que solen dir. El donaren per definitivament perdut.* (*Abella*, 1976: 120, 17).

Valor (2010–5, 180) ja inventaria aquesta locució, tot i que en un sentit més restringit: 'renunciar a endevinar-ho, a descobrir-ho'. Un *conill verd* és una cosa impossible, igual que intentar fer o resoldre coses que no tenen solució.

despedregar el camí *loc. verb.* Algú, solucionar els obstacles d'un assumpte. *Ell feia el seu ofici i no estava obligat a fer investigacions policíaques, i, encara més, perquè darrere hi havia una força totalment responsable com era don Rafel, que ja es despedregaria el camí arribat el cas.* (*Sense la terra promesa*, 1991: 379, 8).

Locució de base metafòrica: llevar les pedres d'un camí és facilitar la resolució dels problemes.

fer mallada *loc. verb.* Algú, pernoctar en un lloc (DECAT). *Llavors se li va cloure la nit, i hagué de fer mallada davall d'unes penyes que el tapaven del ros i de la fredor nocturna.* (*L'amor de les tres taronges*, 1976: 135, 20).

Locució d'origen ramader documentada només pel DECAT (V, 397b46). *Mallada* 'lloc on jeu el bestiar etc.' és, segons aquest diccionari, exclusiu de les terres de l'Ebre i del País Valencià. A l'*Spill* de Jaume Roig ja apareix "fes-hi mallada, pren-hi posada".

florejar les terres loc. verb. Algú, fer-hi una exploració tocant sols els millors arbres o cultius per a una determinada aplicació. *I com que no podien donar abast a tots els conreus, es posaven a florejar les terres de les masades i deixaven erms extensos abancalats de segona i de tercera tot concentrant l'esforç en les terres fetge.* (*Sense la terra promesa*, 1991: 526, 1).

Aquesta locució de base metonímica no l'hem trobada documentada en cap diccionari. Cf. *florejar el bosc* 'fer-hi una explotació tocant sols els millors arbres o els més apropiats per a una determinada aplicació, i no els altres.'(DCVB).

matar dos ocells d'un sol tir *loc. verb.* Algú, resoldre diverses qüestions en una sola acció. *Tot i ser una mica bleda i somiatruites per a moltes* *coses, sempre havia procurat matar dos ocells d'un sol tir: tenir un home trempat que satisfés la seua normal concupiscència, i alhora un marit que la tragués per sempre de la inseguretat econòmica.* (*Sense la terra promesa*, 1991: 412, 22).

En aquest cas tenim una variant de la locució *matar dos pardals d'un tir.*

no alçar una sargantana de la cua *loc. verb.* Algú, no aconseguir allò que pretén. -*No alçaràs mai una sargantana de la cua -resumí Ximet.* (*Enllà de l'horitzó*, 1991: 290, 7).

Variant formal de la locució *no alçar un gat del rabo* (DNV). La forma valoriana pot resultar més intensiva: una *sargantana* (*Lacerta muralis*) 'Rèptil de la família dels lacèrtids, de mida petita o mitjana', pesa encara menys.

tirar a gat *loc. verb.* Una mula o un ase, recolzar-se en les peüngles i els dits per a pujar una costera. *Les mules tiraven a gat per la costa d'Orxeta.* (*Viatge de Nadal*, 1982: 394, 23).

Locució no documentada en cap diccionari ni en cap document dels investigats. Sabem del seu significat gràcies a un informant de Tibi que viu a Xixona, Pepe 'el Tibiero': el qual ens va explicar el sentit d'aquesta locució "Les mules o els ases havien de fer molt d'esforç perquè, per aprofitar els viatges i traure més benefici, els carros es carregaven amb doble càrrega. I semblaven un gat quan trau les ungles per aferrar-se a algun lloc. Els carros portaven llenya o gel de la Carrasqueta als pobles veïns o d'altres mercaderies d'Agost a Tibi i Castalla". Segurament Enric Valor coneixia aquesta locució perquè vivia en aquesta comarca. En la tradició valenciana de "tir i arrossegament" hi ha una varietat que s'anomena *tir a gat* 'es tracta d'enganxar dos cavalls per la part de darrere i han d'estirar l'un de l'altre en sentit contrari, guanya el cavall que arrossegue l'altre'.

tirar l'ase per la finestra *loc. verb.* Algú, gastar molt, especialment en una celebració (VALOR). *D'avui en avant, que vinguen filles i gendres i nets, que ací els obsequiarem, si cal, tirant l'ase per la finestra.* (*El pollastre de festes*, 1976: 408, 1).

Aquesta locució és aplegada per Valor (2013–7, 148) i és una variant formal de *tirar la casa per la finestra* i de *tirar el burro per la finestra* (DNV).

Un altre grup important és el de les locucions nominals que designen plantes, arbres, fruits o animals: *argelaga vera, botja fematera, bufalaga vera, cigró de saüc, falcilla reial, herba coronel·la, perera tendral, pi donzell, sevina xaparra, timó mascle* i *timó reial.*

12 Helichrysum stoechas

botja fematera *loc. nom.* (*Helichrysum stoechas*) Herba perenne de la família de les compostes de flors espatulades i capítols petits reunits en inflorescències en forma de corimbe de color groc daurat. *En l'altre, penjant de petites estaques, apareixien serps dissecades, gripaus en moixama i una botja fematera plena de mosques mortes.* (*L'envejós d'Alcalà*, 1975: 170, 23). Locució metonímica perquè al·ludeix a un dels usos d'aquesta planta: fer fem, ja que es podreix prompte (Pellicer 2001, 116); és denominació de Penàguila, Benifallim, la Torre de les Maçanes, Castalla, Tibi, Gorga, Benilloba i Benialfaquí. La denominació estàndard és *sempreviva borda*

bufalaga vera *loc. nom.* (*Alyssum spinosum*) Mata de la família de les crucíferes, sovint arredonida, de branquillons espinosos, fulles oblongues, flors blanques i fruit orbicular, que es fa als matollars xeroacàntics i a les roques de la muntanya mediterrània (DIEC2)'. *En aquella ombria hi havia sàlvia, bufalagues veres, corones de reina agafades a les roques [...].* (*La idea de l'emigrant*, 1982: 250, 3).

13 Alyssum spinosum

Sinònim de *botja blanca*; totes dues són denominacions conegudes al País Valencià (Cavanilles 1802, 402). Retrobem l'especificador *ver, vera* en *argelaga vera*:

argelaga vera *loc. nom.* (*Ulex parviflorus*) Argelaga. *També li collí estepes, argelagues veres i fenàs secallós que li servissen de bon encenall.* (*La mestra i el manyà*, 1975: 404, 16).

14 Ulex parviflorus

cigró de saüc *loc. nom.* (*Cicer arietinum*) Cigró de la varietat *macrocarpum* que es cultiva des de l'època romana en la població de Fuentesaüco i altres llocs de la comarca zamorana de La Guareña. *Arròs, un parell de quilos... cigrons del saüc, un quilo.* (*Temps de batuda*, 1991: 225, 15).

15 Cicer arietinum

Documentada per Reig (2015). Al·ludeix a la procedència d'aquest llegum.

falcilla reial *loc. nom.* (*Apus melba*) Ocell de la família dels apòdids amb el dors bru i el ventre blanc, que habita les zones muntanyoses durant l'estiu. *[...] deixar solta la seua imaginació com aquelles falcilles reials que pujaven i baixaven com sagetes damunt les altures més abismals i inaccessibles de la mare Aitana.* (*La idea de l'emigrant*, 1982: 210, 23).

Cf. *falzia reial* (DCVB, Illes Balears). Només apareix una vegada en el nostre corpus. És el *Ballester* o *Falcia de panxa blanca* (País Valencià). Valor empra *falcia*, *falcilla* o *falcillot* per a referir-se al *Apus apus*; en aquest cas segurament es refereix a l'espècie *Apus melba*, 'ocell de la família dels apòdids amb el dors bru i el ventre blanc, que habita les zones muntanyoses durant l'estiu'.

16 Apus melba

herba coronel·la *loc. nom.* (*Dorycnium hirsutum*) mata de la família de les papilionàcies, pilosa, de fulles amb cinc folíols i flors blanques o rosades, disposades en glomèruls, freqüent en brolles i garrigues de terra baixa (DIEC2). *—L'herba coronel·la, que li rebaixe la sang!* (*L'envejós d'Alcalà*, 1975: 181, 22).

Fitònim només documentat en Valor (2011–3, 154). És aplegat en diferents manuals de plantes com a *coronela* (Pellicer 2001, 96). El nom estàndard és *botja peluda*.

17 Dorycnium hirsutum

perera tendral *loc. nom.* Arbre que fa peres grosses, vermelloses, llargueres, molt sucoses i molt bones, maduren pel juliol i l'agost. *Adrià trau la berena de l'arganell, i, a l'ombra d'una perera tendral que hi havia vora marge, estén una manteta, posa dos cantals per a seure-hi, un de gros i un altre de petit per al fillet, i comencen a dinar.* (*Nabet*, 1976: 360, 17).

Denominació basada metonímicament en el nom de la varietat de fruita: *pera tendral*: 'pera grossa, vermellosa, llarguera, molt sucosa i molt bona que madura pel juliol i l'agost.' (DDLC).

pi donzell *loc. nom.* (*Pinus pinea*) Pi de capçada en forma de para-sol i pinyes ovoides grosses i brillants, cultivat pels seus pinyons, grossos i comestibles. *[...] on en una de les successives existències per què havia passat, havia estat arbre, un pi donzell coput, fort i resistent, mai no abatut pels vents ni les tempestes.* (*Sense la terra promesa*, 1991: 81, 22).

Locució metonímica, segurament formada perquè és un pi que normalment apareix sol, sense cap més a la vora. Més conegut com a *pi pinyoner.*

18 Pinus pinea

timó reial *loc. nom.* (*Dictamnus hispanicus*) Planta de la família de les rutàcies, molt aromàtica, de fulles pinnaticompostes, i flors zigomorfes amb la corol·la blanca o rosada, emprada com a hipotensora i abortiva. *[...] i trià uns grapats d'herbes poc comunes, com blenera, herbeta de la sang o timó reial [...].* (*El rei Astoret*, 1975: 310, 12).

Reial indica que és el bo. En aquest cas sembla que és el bo, perquè és l'ingredient més important per a fer l'*herbero*, beguda alcohòlica molt popular en les comarques del Comtat, l'Alcoià i la vall d'Albaida.

19 Dictamnus hispanicus

Unes altres locucions interessants per la formació i pel significat són les següents.

alls durs *loc. nom.* Salsa feta d'all i oli. *Els alls durs, com diuen per aquelles serres, o l'allioli amb què es coneixen a la Baixura, acabaven d'estimular-nos.* (*Enllà de l'horitzó*, 1991: 309, 4).

Alls durs és el sinònim de *allioli* comuna en terres meridionals. Enric Valor fa servir tots dos mots.

cos de podadora *loc. nom.* Cos molt prim i esvelt. *Duia un giponet de vellut que fa un cosset molt bonic. "Cos de podadora", que en diuen.* (*Joan-Antoni i els torpalls*, 1976: 239, 14).

Aquesta locució no es troba documentada en cap diccionari. Apareix en una cançó tradicional que Enric Valor aplega en la rondalla *Joan-Antoni i els torpalls*. La *podadora* és una eina prima i corbada, o siga, amb formes (Martínez & Palanca 1991, 116). D'ací s'ha creat metafòricament la locució: segons els estàndards actuals de bellesa, una dona té un cos bonic quan és esvelta i prima però amb formes.

gat empiulat *loc. nom.* Gat amagat (VALOR). —*Ací hi ha gat empiulat!* —*digué en un crit.* (*L'albarder de Cocentaina*, 1976: 170, 19).

Sinònim de *gat amagat* 'assumpte ocult'. L'adjectiu *empiulat* pot significar 'guarnir-se amb recarregament' (DDLC), tant recarregat que no sé sap el que hi ha davall.

raig de Sant Martí *loc. nom.* Arc de Sant Martí. *Es veien les estreles per milions, grosses com el puny i de tots els colors del raig de sant Martí, [...].* (*El ferrer de Bèlgida*, 1975: 202, 7).

Variant no documentada de *arc de Sant Martí* que és el nom estàndard i més conegut. Martines (2012, 257) ha estudiat les diverses denominacions d'aquest meteor i localitza aquesta variant valoriana precisament dins l'àrea meridional més coneguda pel nostre autor: l'Alcoià, el Comtat.

terra fetge *loc. nom.* Terra vermella o marró molt fèrtil. *I com que no podien donar abast a tots els conreus, es posaven a florejar les terres de les masades i deixaven erms extensos abancalats de segona i de tercera tot concentrant l'esforç en les terres fetge.* (*Sense la terra promesa*, 1991: 526, 2).

Locució metafòrica perquè pren el color del *fetge* per donar el nom al tipus de terra. Cf. *fetge de vaca* 'terra argilosa vermella o bruna'.

Finalment, presentarem la resta de noves locucions amb el significat i amb un exemple extret de l'obra literària d'Enric Valor.

a bot de sacre *loc. adv.* Molt ràpidament (VALOR). *Fuig, Fuig! A complir a bot de sacre!* (*El xiquet que va nàixer de peus*, 1975: 283, 18).

anar al bou *loc. verb.* Algú, atendre a la part important d'un assumpte. *-Quants masos hi ha expropiats? -vaig preguntar anant ja al bou.* (*Temps de batuda*, 1991: 360, 7).

anar-se'n pels núvols *loc. verb.* Algú, no parar atenció. *-Què penses, Frederic? Aquesta vesprada, de tant en tant, te'n vas pels núvols.* (*Sense la terra promesa*, 1991: 112, 2).

botes vuitantenes *loc. nom.* **bota** que té capacitat per a contenir 80 cànters de vi (*dgmg*). *Hi ha el celler amb dues bótes vuitantenes buides i quatre gerres per a oli.* (*Temps de batuda*, 1991: 367, 8).

botja negra *loc. nom.* (*Dorycnium pentaphyllum*) Botja d'escombres: mata de la família de les papilionàcies, de fulles amb cinc folíols i flors blanques en glomèruls, freqüent a la regió mediterrània. (*loc.*). *Aviat ens trobàrem travessant aquells camps assedegats del Raspeig, de sembradures esclarissades i míseres, d'ametlers decrèpits, de cascarres nues clapejades de botges negres en la terra calcinada pels sols implacables.* (*Enllà de l'horitzó*, 1991: 80, 22).

20 Dorycnium pentaphyllum

bous i torades *loc. nom.* Activitat de gran moviment que es duu a terme amb l'objectiu de divertir (VALOR). *Però m'has de prometre que no em faràs anar ni anirem mai més a cap festa de cap poble, puix a la nostra edat ja no estem per a bous i torades ni festes majors fora de la nostra coneguda Bèlgida.* (*El pollastre de festes*, 1976: 407, 22).

cap avall l'aigua corre *refrany.* La naturalesa de les coses i del caràcter mai es pot canviar. *Cap avall l'aigua corre, que diu el refrany.* (*El pollastre de festes*, 1976: 407, 16).

com a canyes *loc. adj.* Algú o una extremitat molt prima. *[...] s'ompliren de carn jove i ferma les seues eixutes canelles i els seus braços com a canyes, i es tornà en pocs minuts una dona d'una vintena d'anys i de l'estatura, [...].* (*L'amor de les tres taronges*, 1976: 147, 31).

com a ribes *loc. adj.* Alguna cosa, molt ampla. *El Blanet, allí plantat, destraleta en mà, les cames estevades, un muscle més alt que l'altre, el nas camús i uns ulls de puça a l'ombra d'unes celles com a ribes, [...].* (*La Mare dels Peixos*, 1975: 67, 20).

com un albadoc de magraner *loc. adj.* Algú o part del cos pujat de color a causa d'una emoció intensa. *La Marieta es va fer vermella com un albadoc de magraner.* (*Les animetes*, 1976: 270, 27).

21 Albadoc de magraner

com un gat cerval *loc. adv.* Algú, pujar a un lloc o damunt d'un animal molt àgilment. *Com un gat cerval em vaig enfilar amunt, cap a on les gralles feien en el cel com una mola de barbs dins un toll, com els he vist jo en el pantà de Tivarri.* (*Temps de batuda*, 1991: 333, 14).

com un jònec *loc. adj.* Algú molt gran, fort. *Blai, ja sabem, era forçudot com un jònec.* (*Tres plets de Pasqua Granada*, 1976: 308, 16).

esmorzar com un jònec *loc. verb.* Algú, menjar molt. *Va esmorzar com un jònec i va beure moderadament un vinet de serra escumós com el xampany.* (*Home roig, gos pelut i pedra redona*, 1976: 254, 2).

com un ocell engabiat *loc. adv.* Alguna cosa, moure's, agitar-se ràpidament. *Si fixava la mirada en algun home ben plantat que li recordàs el fill de l'administrador quan era un jove tendre i ingenu i natural, el seu cor encara tenia forces per a avalotar-se com un ocell engabiat.* (*Sense la terra promesa*, 1991: 74, 1).

com un palloc *loc. adj.* Algú o alguna cosa, lleugera. *Ningú no ho va poder evitar; d'una temible galtada, Miquel va saltar com un palloc per damunt l'orla.* (*Sense la terra promesa*, 1991: 388, 8).

com per/en/un rellamp *loc. adv.* Algú, un animal, un vehicle o una cosa, avançar molt ràpidament. *El deixa alçar-se i el dimoni desapareix per un forat que s'obre i es tanca com un rellamp enmig enmig de l'habitació.* (*El ferrer de Bèlgida*, 1976: 196, 11). *Mossèn, com per un rellamp, veié creuar la seua imaginació el passatge evangèlic de "La dona adúltera", [...].*

(*Sense la terra promesa*, 1991: 483, 22). *Com en un rellamp, Garibaldi pensà en el risc calculat del cacic. "Ell sabia on podia arribar Mauri..."* (*Sense la terra promesa*, 1991: 515, 19).

com un rellampec *loc. adv.* Algú, un animal, un vehicle o una cosa, avançar molt ràpidament. *El vel que l'enterbolia va semblar esqueixar-se dins la ment turmentada de Girau, quelcom com un rellampec vivíssim que li permeté veure tot el seu passat recent d'un colp d'ull.* (*El príncep desmemoriat*, 1976: 195, 28).

En *com un rellampec* i *com un rellamp* hi ha variants territorials de la normativa *com un llamp*, també utilitzada per Valor. *Rellampec* es diu a la Foia de Castalla, contrada natal de l'autor, i *rellamp* a tot el País Valencià, a més del Baix Aragó (DCVB).

davallar del cel *loc. verb.* Un bé, una cosa positiva arribar a algú sense haver fet cap esforç per obtenir-lo. *[...] aquell desert aspre ens ha pogut aportar uns diners davallats del cel per a fer-nos roba ara que ve l'hivern.* (*Temps de batuda*, 1991: 69, 13).

donar la calda *loc. verb.* Avorrir a algú. *Només donava la calda a Joan de Repic, quan es quedaven sols, dient-li a cau d'orella: [...].* (*El pollastre de festes*, 1976: 392, 14).

eixir del cau *loc. verb.* Veure món. *[...] sentí uns desigs diferents als de Vicent: volia "eixir del cau", com ell deia, córrer món.* (*La idea de l'emigrant*, 1982: 210, 6).

enganxar-se com les cireres *loc. verb.* Algú o una causa, fer esdevenir complicat i confús un afer, una qüestió o una situació; o aquests, esdevenir complicat i confús. *No cal dir més: les desgràcies van anar enganxant-se com les cireres, i van créixer talment, que no va quedar estaca en paret ni casa sense dissort.* (*Joan-Ratot*, 1976: 415, 29).

ennuvolar-se el temps *loc. verb.* Fer-se núvol. *A migjorn, el temps es va ennuvolar una altra vegada, i el vent, canviant de sobte, començà a bufar del migdia.* (*L'ambició d'Aleix*, 1982: 124, 25).

esperar en barraca/barraqueta *loc. verb.* Algú, estar amagat per agafar per sorpresa algú o un animal. *[...] van deliberar de no tornar pels diners i el pitxeret en molt de temps, no fos cosa que els estiguessen esperant en barraqueta els de la justícia per agafar-los i penjar-los.* (*Nabet*, 1976: 364, 7).

ésser un bou *loc. adj.* Algú molt gran, fort. *El Mauri és un bou rabiós, i no se les pensa.* (*Sense la terra promesa*, 1991: 432, 15).

ésser un tronc *loc. verb.* Algú, estar privat dels sentits a causa de la son. *Bernadet era un tronc; estava baldat del viatge: no hi havia perill que es dessonillàs.* (*El xiquet que va nàixer de peus*, 1975: 279, 10).

fer cara de mussol (*Athene noctua*)*loc. adj.* Algú, taciturn. *Deu ser molt ric també, però no es compra res, ni fa res, ni diu res, i conten que no ix mai del palau, on viuen tots, i allí sembla que a tothora fa cara de mussol...* (*Esclafamuntanyes*, 1976: 72, 11).

22 Athene noctua

fer carraix *loc. verb.* Bufar, vent suau i gelat. *-Tanca, tanca la porta, que fa carraix -va dir-li Gertrudis per tota salutació quan la noia entrava en la saleta del dalt.* (*Sense la terra promesa*, 1991: 568, 7).

fer el bou *loc. verb.* Algú treballar, cansar-se o suar molt.—*Dins quinze dies no en quedarà cap, i llavors m'enduré l'ànima d'aquell calavera de don Pere. ¡Cavaller —féu a mitja veu—, ja has fet prou el bou per aquest món!* (*El jugador de Petrer*, 1976: 207, 11).

fet un margalló (*Chamaerops humilis*) *loc. adj.* Algú, molt ben vestit, amb molts ornaments. *Eixia al carrer fet un margalló i ens ho criticaven obertament alguns altres companys.* (*Enllà de l'horitzó*, 1991: 392, 11).

23 Chamaerops humilis

fora del cavat *loc. adj.* Cosa o algú, que no s'ajusta convenientment a les necessitats o característiques d'algú, d'alguna cosa o d'una situació. *El criat, en el seu magí, es deia que passàs el que passàs, hagués parlat amb més o menys encert, no havia de penedir-se de l'advertència que havia fet i que no trobava fora del cavat, per la sèrie de murmuracions i espècies de tota mena que arribaven a les seues oïdes.* (*L'ambició d'Aleix*, 1982: 72, 4).

gra d'arena *loc. nom.* Petita aportació d'algú a la cultura d'una societat, a l'estudi d'alguna cosa o a una obra comuna (GDLC). *-No té importància. Un gra d'arena. M'he limitat a donar la meua modesta opinió quan he cregut que podria ajudar en alguna cosa -vaig precisar.* (*Temps de batuda*, 1991: 220, 18).

l'oli diu al vi: vine ací cosí *refrany.* Es refereix a coses que són anàlogues o que lògicament han d'anar plegades. *"L'oli diu al vi: vine ací, cosí", deien els llauradors experimentats.* (*Temps de batuda*, 1991: 230, 13).

llàgrima cocodrilesca *loc. nom.* Lamentació fingida. *—Alt senyor, sos pares moriren —informà amb veu patètica la Margarida, i es torcà una llàgrima cocodrilesca amb la punteta d'un davantal de randes que portava.* (*Les velletes de la Penya Roja*, 1975, 346, 12).

llavadora de penya *loc. nom.* Extensió extensa de penya llisa i compacta (VALOR). *Allò s'esdevenia en un punt on, vora el fons del canalís, no lluny del camí de ferradura, hi ha una llavadora de penya que forma com el* *sostre d'una cova allargassada arran de terra [...].* (*El dimoni fumador*, 1975: 212, 10).

lleig com un fes *loc. adj.* Algú, ésser molt lleig. *Així, hi anava cada dia, o dia part altre, un forner de la pintoresca població d'Onil, que es deia de sobrenom el Blanet i era més lleig que un fes.* (*La Mare dels Peixos*, 1975: 66, 8).

menjar com un tro *loc. verb.* Algú, menjar molt. *Jo menjava com un tro, més que en altres estius.* (*Temps de batuda*, 1991: 25, 20).

més toix que una òbila (*Tyto alba*) *loc. adj.* Algú, d'escassa intel·ligència. *Abd al-Maduix era un morot més dolent que un trabuc, negre com un perol, greixinós, i més toix que una òbila [...].* (*L'envejós d'Alcalà*, 1975: 169, 24).

24 Tyto alba

neu borda *loc. nom.* Neu que no es favorable a la creixença de les plantes (VALOR). *Dimarts va fer tot el sant dia mal oratge; tothora queia bruixo i nevarsejava; la serra es tapava i es destapava de boira; les mates es blanquejaven unes voltes, i altres el vent els feia caure la neu borda que se'ls apegava...* (*Comencilda, Secundina i Acabilda*, 1976: 442, 5).

ni un gra *loc. interj.* Res. *I començaren de nou les festes i els saraus, i ell menjant i bevent com un marqués... però, de la princesa, ni un gra!* (*Don Joan de la Panarra*, 1976: 339, 15).

no pesar una voliana *loc. adv.* Alguna cosa, pesar molt poc. *[...] uns fadrinots vigoro sos, colrats pel sol de les masades, endiumenjats amb les bruses negres, alçaren la caixa ja closa, que no els pesava una voliana; [...].* (*Sense la terra promesa*, 1991: 3, 23).

picar un sacre *loc. verbal.* Algú, irritar-se. *Quin sacre t'ha picat?* (*La idea de l'emigrant*, 1982: 262, 25).

roig com l'espiga de panís *loc. adj.* Algú o alguna cosa, molt roig. *[...] baixotet i revingut, forçudot i cellard i bast, i tan roig com una espiga de panís, de manera que li havien tret de sobrenom el Roig —Blai el Roig, perquè li deien Blai.* (*Els tres plets de Pasqua Granada*, 1976: 296, 10).

tancar a pedra i puny *loc. verb.* Alguna cosa, tancar fortament. *L'infern quedà tancat a pedra-puny, i per allò dels claus, beneïts tan intensament, els diables no podien ni acostar-se a desclavar les ventalles.* (*El ferrer de Bèlgida*, 1975: 201, 24).

un no com un perelló *loc. adv.* Un no rotund. *I el rei, tot desvergonyit, li diu un no com un perelló.* (*Don Joan de la Panarra*, 1976: 350, 2).

vermell com un titot *loc. adj.* Algú, molt vermell. *El duc es féu vermell com un titot; la duquessa groga, groga, que semblava que anava a caure redona.* (*El patge Saguntí*, 1976: 262, 3).

vida conreada *loc. nom.* Fet de viure, còmode, confortable. *Es deia; avui que s'arriscava a parlar-se amb una encara tímida franquesa, que havia pagat un preu bastant elevat per la seguretat i benestar dels seus i per la vida conreada i fastuosa que havia cobejat.* (Danys mínims sobre coberta, 1982: 368, 28).

4. Joies lèxiques del DOLEV-*Natura*

L'obra literària d'Enric Valor destaca per les nombroses novetats lèxiques que no figuren en els diccionaris de referència, com hem vist en els apartats anteriors. A més, de les seues narracions emanen altres tresors lèxics que sí són recollits per alguns diccionaris (*DIEC2*, *DNV*, *DCVB* o *DDLC*). Aquestes solen ser variants geogràfiques de poc ús, que majoritàriament són registrades pels diccionaris descriptius; d'ací la seua importància lexicogràfica. En l'apartat 5, aprofundirem en l'anàlisi d'algunes d'aquestes variants amb més detall.

4.1 Lèxic no registrat en els diccionaris de referència atesos (*DIEC2*, *DNV*, *DCVB I DDLC*).

Per a una valoració més acurada de la contribució del DOLEV-*Natura*, s'exposa a continuació la llista de mots, significats i unitats fraseològiques no inclosos en cadascun dels reculls lexicogràfics referits.

D'un total de 244 paraules[21] que no figuren en el *DIEC2*, 112 tampoc estan recollides en el *DDLC*, la qual cosa representa una proporció significativa: el 47 % del total.

21 Vegeu figura 4.

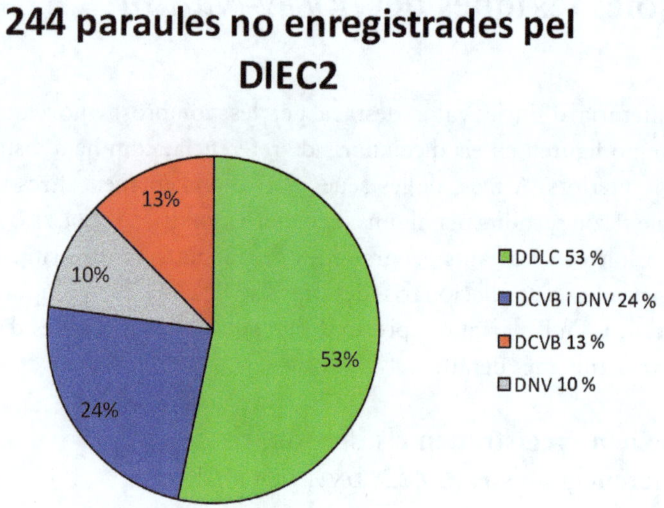

Figura 4 Paraules no enregistrades pel DIEC2

Les paraules no inventariades pel DDLC però sí presents en el DCVB i en el DNV són les següents:

acostalar *v. tr.* Reunir llenya, diverses parts d'una planta o rames en costals, feixos grossos de llenya (DCVB, DNV). *[...] i a acostalar llenya no el guanya ni una colla sencera de llenyaters.* (*Contalles de la boira*, 1982: 332, 9).

acostalador *m., f.* Persona que acostala (DCVB, DNV). *Ja feia mitja hora bona que Paella havia eixit, i Pep -el seu acostalador- i jo, que vetlàvem amb ell -la dona i els xics ja s'havien gitat-, ens enquimeràrem.* (*Contalles de la boira*, 1982: 334, 27).

acovilar *v. intr. pron.* Amagar-se, posar-se a cobert (DCVB, DNV). *El camí, ja sabem que li havia de fer per força coronar la lloma per allà prop d'on era el garroferot sota el qual s'acovilaven els lladres; [...].* (*Nabet*, 1976: 363, 3).

alcavó *m.* Mina artificial per a donar pas a les aigües (DCVB, DNV). *Si descobrien l'alcavó de la font, hi trobarien una serp com la soca d'un pi que es beu tot l'oli i no en deixa eixir ni gota.* (*El xiquet que va nàixer de peus*, 1975: 293, 10).

brumerol *m.* (*Bombus* sp) Insecte himenòpter volador, voluminós, brunzent i pelut, que viu en societats petites compostes de mascles, femelles fecundes i femelles estèrils obreres (DCVB, DNV). *No em va ser molt difícil. Al fons d'aquella xemeneia hi havia un pilot de gralles que negrejava com negregen les formigues damunt d'un brumerol mort.* (*Temps de batuda*, 1991: 33, 27).

25 Bombus sp

buborota *f.* Objecte que es posa en un lloc per espantar. *[...] s'organitzà el sorollós seguici, i Rosella, tapada com una buborota, seguida del fill del rei, consellers, cortesans i de Margarida, [...].* (*Les velletes de la Penya Roja*, 1975: 350, 4).

búfol *m.* (*Bubo bubo*) Ocell rapinyaire, molt gran, amb els ulls d'iris taronja, la mirada penetrant, plomalls a les orelles i plomatge rogent llistat a la resta del cos (DCVB, DNV). *I no pot ser, perquè jo, a mitjanit, no he sentit cantar mai com no fossen els mussols o els búfols.* (*Home roig, gos pelut i pedra redona*, 1976: 261, 19).

26 Bubo bubo

carraixet *m.* Vent suau i gelat (DCVB, DNV). *No els molestaran humitats malsanes ni carraixets glacials per badalls de portes i finestres; [...].* (*Sense la terra promesa*, 1991: 568, 7).

carrissar *m.* Lloc poblat de carrissos, canyissos (*Phragmites communis*) (DCVB, DNV). *En un bell en sec cuità a veure què passava allí dins el carrissar i l'arbreda, i és cert que se li esborrà de la imaginació en aquell moment el plet d'Alcoi i tot el que li semblava.* (*Tres plets de Pasqua Granada*, 1976: 304, 9).

27 Phragmites communis

creuera *f.* Part d'un arbre o d'un arbust on el tronc es divideix en les branques principals (DCVB, DNV). *I ell se'n va pujar en la creuera d'un xop vell on podia seure ben arrepapat i esperar els esdeveniments.* (*Don Joan de la Panarra*, 1976: 340, 15).

dessocar *v.* Arrancar o arrancar-se de soca-rel (DCVB, DNV). *El llenyataire deia que si no l'hagués aguantat de la cua, aquesta no se li hauria dessocat.* (*Tres plets de Pasqua Granada*, 1976: 309, 26).

enviscada *f.* Acció i efecte d'enviscar, untar una branca o una superfície amb una substància enganxosa (DCVB, DNV). *Toni parlava, encara que poc, atrafegat amb els esparts, de coses molt concretes: de l'oratge, de les enviscades, de les perdius...*(*Enllà de l'horitzó*, 1991: 437, 8).

foraca *f.* Llar de foc (DCVB, DNV). *Dins la cuina hi havia la finestra de l'aljub, i vora la foraca s'obria una porteta que menava al pastador i al forn.* (*Contalles de la boira*, 1982: 328, 15).

gotinyar *v.* Ploure lleugerament a gotes petites i nombroses (DCVB, DNV). *[...] el mal temps a dir "ací estic jo" i a gotinyar i a tapar-ho tot de boira...* (*El pollastre de festes*, 1976: 401, 1).

llagostí *m.* Insecte ortòpter de la família dels acrídids, amb el cos de colors terrosos, bon saltador i d'habituds migratòries, que sovint forma núvols que destrueixen la vegetació dels llocs per on passen (DCVB, DNV). *Dos fadrinets, lleugers com a llagostins, apareixien sempre dalt la del capdamunt [...].* (*Joan-Antoni i els torpalls*, 1976: 236, 10).

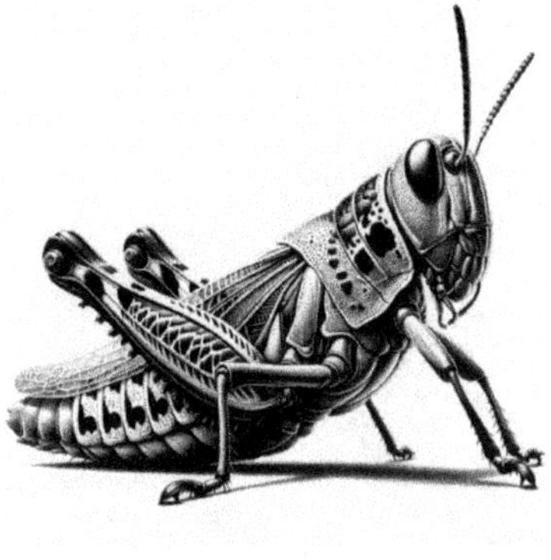

28 Llagostí

llebrenc *adj.* Algú, àgil (DCVB, DNV). *I es posà a riure de veure's una altra vegada fet el jove llebrenc i corpulent que era, però en roba interior solament.* (*Esclafamuntanyes*, 1976: 93, 1).

marfull *m.* (*Culex* sp) Mosquit de cos molt gros i ales molt llargues (DCVB, DNV). *A l'acte, el núvol de mosquits s'espuntà cap allí, es llançaren en el toll i es sadollaren de l'escumós líquid, mentre que el rei de tots —un marfull brumidor, de llargues i múltiples ales— [...].* (*El Castell d'Entorn i no Entorn*, 1976: 376, 8).

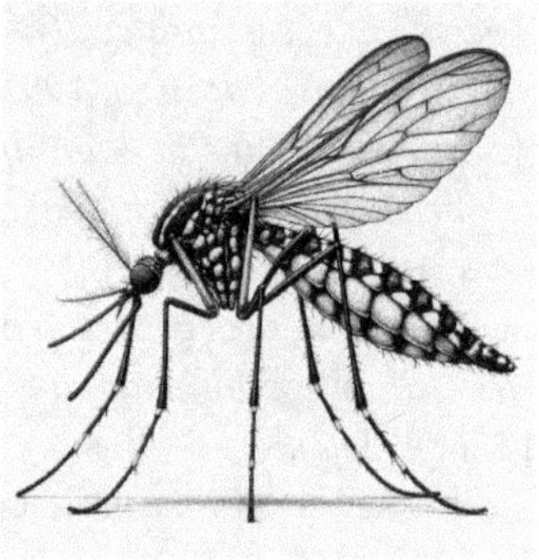

29 Culex sp

múrgula *f.* (*Morchella esculenta*) Bolet comestible, amb el barret alveolat, ovoide i de color bru, molt apreciat (DCVB, DNV). *¡No sabia l'ignorant ciutadà que gírgoles i múrgules són uns bolets gustosos que es crien per les ombres dels pinars!* (*Abella*, 1976: 100, 25).

30 Morchella esculenta

papalbra *f.* (*Genetta genetta*) Mamífer carnívor petit, de pèl gris fosc amb taques negres, cua llarga formant anells blancs i negres, i ungles retràctils (DCVB, DNV). *És clar, al seu costat, totes aquelles bastes minyones semblaven setiets, de lletges i renegrides, i la majordoma una engiponada papalbra.* (*El Castell d'Entorn i no Entorn*, 1975: 363, 23).

31 Genetta genetta

peüll *m.* Ramat, conjunt de caps de bestiar que es fan plegats (DCVB, DNV). *Era un home que havia venut un peüll de cabres.* (*L'ambició d'Aleix*, 1982: 90, 5).

planta-roig *m.* Varietat de cep i de raïm (DCVB, DNV). *[...] l'ensucrada dels raïms, blavosos de tan negres en el monastrell, or pur en el valencí, cera transparent en el planta roig.* (*La Foia de Castalla*, 1982: 323, 8).

provençada *f.* Gregal fort, vent del nord-est (DCVB, DNV). *De tard en tard -puix el país no és molt plovedor- hi arriba un temporal de gregal -les provençades, segons el lèxic d'allí-, [...].* (*La Foia de Castalla*, 1982: 321, 22).

rabosenc *adj.* Algú, amb característiques d'una rabosa (*Vulpes vulpes*) (DCVB, DNV). *Vicent era un homeneu rabosenc, barra-sec i torrat, d'ulls com a puces, negrets, i celles grises, espesses i estarrufades que quasi li'ls tapaven quan les abaixava; [...].* (*L'ambició d'Aleix*, 1982: 85, 28).

32 Vulpes vulpes

raboser *adj.* Algú o alguna cosa, astut, malintencionat, que molesta (DCVB, DNV). *El metge venia també cada dia de matí i no encertava a tallar aquella febre gàstrica "rabosera", que deien en ma casa.* (*L'amic fidel*, 1982: 354, 19).

ramblís *m.* Sediment del riu (DCVB, DNV). *El camí començà a davallar entre còdols i ramblís.* (*Temps de batuda*, 1991: 261, 11).

rebanc *m.* Porció de terreny que ix lateralment d'una costera o espadat (DCVB, DNV). *Anà seguit al cap de l'Horta, i, de damunt d'uns alts rebancs de penyes que hi ha, llançà el pobre pastor dins les ones i exclamà, al temps que pegava una forta alenada: [...].* (*Peret*, 1976: 294, 12).

regallador *m.* Torrent, terreny inclinat per on davalla un corrent d'aigua intermitent i impetuós format per la pluja o el desgel (DCVB, DNV). *Nabet, agosarat però astut, enfilant-se per un regallador ple de botges que baixava per la fita del tros, [...].* (*Nabet*, 1976: 361, 10).

reixiu *m.* Humitat atmosfèrica condensada en forma de petites gotes a la superfície dels cossos freds (DCVB, DNV). *[...] que s'aclaria a la llum de l'albada, i hi destrià les gotes de reixiu que lluïen ja com a petits estels blancs.* (*El Castell del Sol*, 1975: 95, 14).

soqueta *m.* Estri de fusta amb què els segadors es protegeixen la mà esquerra de talls de falç. (DCVB, DNV). *Per fi marxa senda avall, al muscle el cabàs amb les falçs i les soquetes i alguns cordells i les mudes de la roba.* (*La idea de l'emigrant*, 1982: 222, 25).

teixera *f.* (*Taxus baccata*) Teix, arbre perennifoli dioic, de fulles linears metzinoses, semblants a les de l'avet, i llavors també metzinoses, voltades per una cúpula carnosa, vermella i comestible, que es fa als boscos de muntanya i en indrets ombrívols (DCVB, DNV). *Travessava deliciosíssims parquets d'arbres d'adornament, com til·leres, faigs, teixeres, xiprers, pinastres, sucosos pinatells vers, ginebres tendres, tots enredats de verdíssimes i tentaculars mates de lligabosc...* (*Esclafamuntanyes*, 1976: 38, 24).

33 Taxus baccata

tordanxa *f.* (*Turdus pilaris*) Au d'uns 25 centímetres, amb el pit d'un groc rogenc ratllat i tacat de negre (DCVB, DNV). *Tenim cinc grives, una tordanxa acollarada i, sobretot, un todó tan gros com un pollastre.* (*Enllà de l'horitzó*, 1991: 431, 27).

34 Turdus pilaris

torrelló *m.* Núvol arredonit i compacte de desenvolupament vertical (DCVB, DNV). *Les ressequides comarques de l'estepa oriental castellana es van caldejant, i s'hi formen uns torrellons gegants d'un color amenaçador; [...].* (*La Foia de Castalla*, 1982: 322, 17).

ventisca *f.* Vent que transporta neu (DCVB, DNV). *[...] però amb la nevada grossa de Nadal i la ventisca d'aquells dies se'm van gelar els pulmons... [...].* (*Enllà de l'horitzó*, 1991: 235, 6).

ventrellar *v. intr.* La part superior de la tija d'un cereal, inflar-se en formar-se l'espiga (DCVB, DNV). *El camp de maig lluïa el seu esplendor de vinyes de poc mogudes, de bladars o ordiars que quasi ja ventrellaven; [...].* (*Enllà de l'horitzó*, 1991: 228, 28).

Els mots següents són únicament aplegats al DCVB:

aclotada *f.* Acció de fer clots (DCVB). *Cada estiu es senyalaven dotze, quinze mil ceps, o siga els punts on s'havien de plantar. En acabant, venien les aclotades.* (*Temps de Batuda*, 1991: 25, 25).

aclotador *m., f.* Persona que fa clots (DCVB). *[...] i això donava ocupació també als especialistes: senyaladors, aclotadors, pràctics en la preparació de planters i en el maneig de les estaquetes i els barbats.* (*Sense la terra* promesa, 1991: 238, 3).

boireguera *f.* Boira molt espessa (DCVB). *En la vesprada, el temps no va voler aclarir-se, ans es va espesseir la boireguera.* (*Contalles de la boira*, 1982: 335, 17).

cega *f.* Xarxa de malla molt estreta, per a agafar peix petit (DCVB). *"Tira la xarxa, Jaume", m'ordenà. Jo vaig calar la cega, i al poc ja sentia que pesava...* (*La Mare dels Peixos*, 1975: 57, 12).

dragontina *f.* (*Arisarum vulgare*) Planta herbàcia de fulles verdes i amb taques brunes, espata en forma de caputxa i fruits en baia, que creix en llocs humits i ombrívols (DCVB). *Els homes, dormint, els tenia a la vora, i anà a cada un i li llançà un pessiguet de pólvores de cascall i dragontina en els narigals.* (*El rei Astoret*, 1975: 327, 23).

35 Arisarum vulgare

fil·loxerar *v.* Els ceps o la vinya, ésser atacats per la fil·loxera, malaltia de la vinya causada per la fil·loxera (*Phylloxera vastatrix*) (DCVB). *-Jo recorde ara que ell va aconsellar el meu pare quan se'ns fil·loxeraren les vinyes; [...].* (*Enllà de l'horitzó*, 1991: 94, 10).

lilera *f.* (*Syringa vulgaris*) Arbust caducifoli de la família de les oleàcies, de fulles cordiformes, flors oloroses, morades o blanques, i fruit en càpsula, originari de l'Europa oriental submediterrània i cultivat en jardineria (DCVB). *Allí aspirava l'aroma barrejat de diverses flors d'hort cassanenc: violetes boscanes, esperons de cavaller, cascalls, i la de les lileres* *i la vareta de Sant Josep que s'arrengleraven arran de parets...* (*Enllà de l'horitzó*, 1991: 284, 2).

36 Syringa vulgaris

nevarsejar *v. intr.* Nevar lleugerament a colps petits i nombrosos (DCVB). *I va arribar un hivern que va nevarsejar dues o tres vegades, poca cosa, com sol passar per allí, però féu bastant de fred, i en una suada d'aquelles que Toni agafava amb el mall, un corrent d'aire gelat li va empelegar una pulmonia que me'l tombà rotllat en el llit i amb una gran febre.* (*El ferrer de Bèlgida*, 1975: 193, 13).

passarell *m.* (*Carduelis cannabina*) Ocell de la família dels fringíl·lids, d'uns tretze centímetres de llargada, de mantell castany fosc, i les ales i la cua vorejades de blanc, molt apreciat pel seu cant com a ocell de gàbia (DCVB). *Caderneres, verderols, passarells, cogullades, tords, merles, grives, esparvers, falcons, corbs, àguiles... tots els coneixia, pel cant i pel vol.* (*La idea de l'emigrant*, 1982: 254, 6).

37 Carduelis cannabina

reguaret *m.* Terreny en què es practica el guaret per segona vegada, tècnica de conreu consistent a deixar regenerar durant un temps un terreny empobrit perquè torne a adquirir fertilitat (DCVB). *[...] jovades soltes dedicades a blat i reguaret; oliverars independents en racons arredossats de la vall; mallols ufanosos i còmodes de treballar per la seua proximitat al poble...* (*Sense la terra promesa*, 1991: 12, 3).

rellenc *adj.* Cereal, que no és madur (DCVB). *El camp marxava ja cap a la plena fecunditat: blats espigats encara rellencs, ufanosos, lluents al sol; [...].* (*Enllà de l'horitzó*, 1991: 75, 23).

tàntol *m.* Branca esporgada que serveix d'estaló o de tanca baixa a un coll de caçar tords (DCVB). *[...] i anà tot seguit a descobrir el tàntol, consistent en tres cantals grossos que sostenien, per la part que donava a la barraca, una llosa alta, pissarrenca, que defensaria de perdigonades el perdigot reclam.* (*Sense la terra promesa*, 1991: 506, 28).

taperal *m.* Terreny on abunda el tap, roca sedimentària composta per argila i carbonat càlcic (DCVB). *[...] davallà les rieres de la Vall de Seta, blavenques de taperal, remoroses de la brisa en les xopades, i, fent-se vesprada avançada, notà que el llebeig havia refrescat molt.* (*Home roig, gos pelut i pedra redona*, 1976: 252, 7).

torrellonada *f.* Conjunt de torrellons, núvols arredonits i compactes de desenvolupament vertical (DCVB). *De sobte, la fulgurant llum d'un rellamp va esqueixar una torrellonada que s'estenia sobre l'horitzó de llevant.* (*Joan-Antoni i els torpalls*, 1976: 233, 14).

Finalment tenim les paraules inventariades solament pel DNV:

alficossenc *adj.* Que tira a alficòs (DNV). *Hi ha allà tota mena de menges delitoses: dolços de tota classe... el carabassat alficossenc, el torró de Xixona, els pastissos d'ametla, les ametles ensucrades d'Alcoi, el padou de Castalla...* (*La rabosa i el corb*, 1976: 421, 23).

almasset *m.* (*Lygeum spartum*) Espart bord (DNV). *El Comitè de Defensa s'ha fet càrrec del domicili de mossèn Fidel, un capellà més fi que l'or i més fals que una corda d'almasset.* (*Temps de batuda*, 1991: 356, 11).

38 Lygeum spartum

arreixiuar *v. tr.* El reixiu, humitat atmosfèrica condensada en forma de petites gotes a la superfície dels cossos freds, cobrir una superfície (DNV).

adj. El bellíssim i valuós vestit de la princesa caigué buit sobre l'arreixiuada verdina. (*L'amor de les tres taronges*, 1976: 148, 9).

creuellera *f.* Part d'un arbre o d'un arbust on el tronc es divideix en les branques principals (DNV). *Amidàvem els arbres de circumferència dels troncs i, naturalment de llargada, sempre pujant un home fins a les creuelleres; ho feien els dos més prims això d'agafar la cinta mètrica d'un cap, el Bonifaci i el Pep.* (*Enllà de l'horitzó*, 1991: 370, 4).

descopar *v. tr.* Tallar els cóps dels arbres, conjunt de les branques d'un arbre des de l'enforcadura fins al cimall, amb fulles o sense (DNV).

adj. —Parla d'una vegada! —cridà la rabosa tota encuriosida—. I, sobretot, no t'estigues allà dalt, tan alt, vinga de volar. Para't en aqueix pi descopat i en parlarem. (*La rabosa i el corb*, 1976: 421, 14).

desnevar *v. intr.* Algú o alguna cosa, fondre la neu (DNV). *El sòl de terra havia estat desnevat, però la humitat persistia. Tanmateix, allí dins no ens feria directament el ventijol frígid que corria per damunt la neu.* (*Enllà de l'horitzó*, 1991: 160, 11).

desnevat *m.* Lloc obert i a la intempèrie on la neu no para (DNV). *—Serà el millor que podràs fer... Ai, si tu veies el Ponent! I m'estranya que no s'haja presentat ja; sempre ve a destorbar la pluja. No te'l vulgues trobar en un desnevat!* (*El xiquet que va nàixer de peus*, 1975: 277, 3).

esmoladora *f.* Núvol mitjà que forma un banc de núvols de color blanc o gris amb forma lenticular (DNV). *[...] algun núvol alt i solt, de forma d'esmoladora (esmoladores els deien a Cassana), presagiava per a més avant del dia un poc de vent de tramuntanal.* (*Sense la terra promesa*, 1991: 355, 28).

fornilla *f.* Llenya petita amb què s'encén o s'alimenta un forn (DNV). *El forner n'estava encantat; Paulus li duia una fornilla de flama llarga que deixava el pa amb la crosta fina i aromada del més autèntic tomanyí...* (*El llenyater de Fortaleny*, 1975: 34, 8).

ginebrenc *adj.* Animal, que es cria on hi ha ginebres (*Juniperus communis* sp *communis*) (DNV). *L'olla bullia bé; dins hi havia tres gaigs de serra, dos grives ginebrenques i un perdigotot la cosa garrida, [...].* (*Esclafamuntanyes*, 1976: 33, 13).

39 Juniperus communis

haquinyol *m.* (*Equus caballus*) Haca petita (DNV). *La cara bruna de l'home va dibuixar una fosca carotxa. Féu deturar l'haquinyol.* (*Llegenda del palleter*, 1976: 211, 10).

jama *f.* Conjunt de gossos que cacen junts (DNV). *Es féu la temporada de caça en el mas muntanyenc de don Lluís, dit la Font de Pallarès, amb fructíferes eixides a la perdiu (a cama i al parador), i al conill i la llebre amb una bona jama de gossos.* (*Temps de batuda*, 1991: 6, 26).

malladar *m.* Lloc o clos on es recull el bestiar que pastura al camp o a la muntanya (DNV). *L'endemà se'n féu la tria, al tornar Videt, el gran ramat escampat pel malladar.* (*Temps de batuda*, 1991: 342, 9).

moragar *v. intr.* Un fruit verd, com el raïm o les olives, començar a prendre el color que té quan és madur (DNV). *El raïm era encara en agràs; en aquella altitud devia començar a moragar a l'octubre.* (*Temps de batuda*, 1991: 249, 27).

niuatxada *f.* Conjunt dels ocells nascuts d'una mateixa mare que conviuen en un niu (DNV). *Espantàvem les blanques parladores, sorpreníem les niuatxades de perdius, ens arribaven els esgarips dels esparvers; [...].* (*Enllà de l'horitzó*, 1991: 104, 15).

persolador *m.*, Bracer que persola (DNV). *Cortesans i convidats, prínceps i cavallers, persoladors vinguts a més i gent honorable i plana, tots cridaven d'admiració.* (*Esclafamuntanyes*, 1976: 83, 24).

persolar *v. intr.* Algú, convertir en conreu un terreny boscós arrancant-ne els arbres, cremant el bosc baix i cavant i llaurant molt profundament (DNV). *I només eixir per la muntanya camí del mas de la Fenossosa, on persolaven aquell dia, tots tres germans es van franquejar ells entre ells, [...].* (*Esclafamuntanyes*, 1976: 34, 16).

piorla *f.* Protuberàncies petites de les potes de certes aus, que semblen esperons però sense ungles (DNV). *Doncs que ells tampoc no l'havien mort, i allò, l'animal aquell, tenia ja uns esperons i unes piorles que semblava una esmirla tordera.* (*El pollastre de festes*, 1976: 395, 13).

segadissa *f.* (*Brachypodium phoenicoides*) Fenàs de fulles agudes poc o molt glauques, i espiguetes sovint arquejades, disposades en raïm, freqüent sobretot als marges dels camps. (DNV). *Vaig fer mides d'espart o amb tiges de segadissa, no ho recorde bé.* (*Temps de batuda*, 1991: 334, 14).

40 Sonchus oleraceu

serralla *f.* (*Sonchus oleraceus*) Planta de la família de les compostes, de tronc buit i ramós i flors grogues, comestible, que es fa a les vores dels camins i que segrega un làtex emprat en medicina (DNV). *No va durar massa el seu encuriosiment, perquè prompte va saber que es referien a una serrallota que havia eixit en la junta de dos carreus del campanar, allà amunt prop de la campana grossa i justament davall d'una cornisa.* (*Joan-Antoni i els torpalls*, 1976: 234, 14).

41 Brachypodium phoenicoides

sitar *v. intr.* Un tord (*Turdus philomelos*), cridar un soroll semblant a "sit, sit!" (DNV). *[...] el vent remorejava dèbilment en la boscúria; xisclaven de tant en tant les merles, sitava algun tord primerenc; [...].* (*El darrer consell*, 1976: 372, 18).

ventisquer *m.*

Lloc d'una muntanya on es conserva la neu (DNV). *Dos dies abans havia nevat per les muntanyes; l'Aitana tenia plens els ventisquers que espillejaven en la distància; feia fred, i no baixaren de la tartana per esmorzar.* (*L'ambició* d'Aleix, 1982: 150, 8).

Massa de neu que s'acumula en ventisquer[22]. *Mentre que Jesús maldava, potser es posà mig pam de neu damunt de la que hi havia; allò es veu que era un punt on es formava ventisquer.* (*Viatge de Nadal*, 1982: 402, 29).

De la mateixa manera, si ens referim a la fraseologia,[23] el percentatge és del 44 %, pràcticament el mateix que el de paraules.

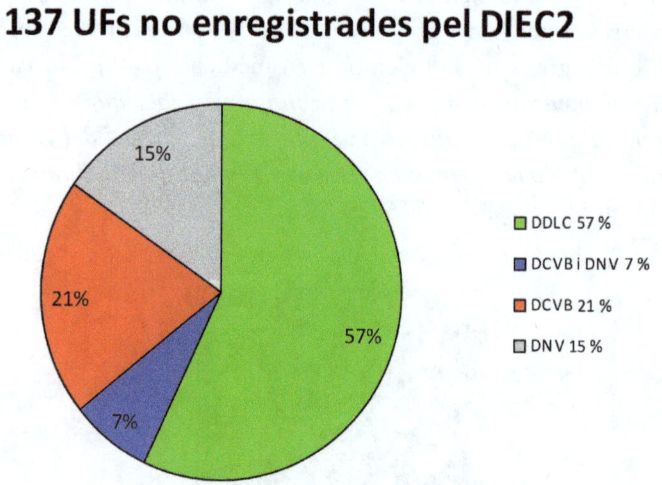

Figura 5 DIEC2

22 Novetat semàntica d'Enric Valor.
23 Vegeu figura 5.

La fraseologia no registrada pel DDLC però sí pel DCVB i el DNV és la següent:

amb diners carxofes... *refrany* Qui té diners té molts avantatges (DCVB, DNV). *-Si no estaràs sol. Tens la dona i els fills. ¡I amb diners, carxofes! Mulers, llauradors, pastorets... de tot tindràs quan ho necessites.* (*La idea de l'emigrant*, 1982: 266, 25).

dacsa rosera *loc. nom.* (*Zea mays*) Cereal de gra molt petit, rogenc i redó, que es dona als coloms i també serveix per a fer roses (DCVB, DNV). *Els pobrets estaven més vermells que la dacsa rosera, ploricaven, tossien, llagrimejaven i sovint parlaven foradat, de la febre tan alta.* (*El ferrer de Bèlgida*, 1975: 186, 23).

42 Zea mays

fer la palometa *loc. verb.* Algú, moure's d'un lloc a l'altre cercant o regirant-ho tot (DCVB, DNV). *Tot fent la palometa, al poc es va espuntar i es va parar en un cantal, cinquanta passes al darrere de la casa, i a l'acte es va tornar xic.* (*El Gegant del Romaní*, 1975: 236, 24).

fer llenya *loc. verb.* Tallar llenya dels arbres o els arbustos per proveir-se'n (DCVB, DNV). *[...] Batiste es va haver d'alçar a les quatre del matí i se'n va anar a fer llenya per al forn allà amunt en el coll de la serra del Rontonar, perquè no en tenia gens.* (*El gegant del Romaní*, 1975: 214, 15).

figa de la gota de la mel *loc. nom.* Figa de color verdós, grossa i de bona qualitat, que madura a setembre (DCVB, DNV). *[...] com en estiu, apareixia bledaníssima, amb cada pàmpol com un paraigües, fresca, lletosa i amb cada figa de la gota de la mel que pesava una unça.* (*El llenyater de Fortaleny*, 1975: 47, 23).

gelat com un rave *loc. adv.* Algú o alguna cosa molt gelada (DCVB, DNV). *Per fi, es va ficar darrere d'unes bótes, en conill com sabem que anava i gelat com un rave.* (*L'albarder de Cocentaina*, 1976: 170, 1).

més content (alegre) que un gos amb un os *loc. adj.* Algú, estar molt satisfet (DCVB, DNV). *Per les seues jornades i més alegre que un gos amb un os, arribà, a la fi, el mig pollastre a la cort reial, ¡i a cal rei de seguida!* (*Història d'un mig pollastre*, 1976: 431, 9).

veu de tro *loc. adv.* Veu molt forta i ressonant (DCVB, DNV) *La serp se la begué tota i s'estengué com un rígid tronc formant pont sobre el roncador rierol, ensems que deia amb veu de tro: [...].* (*El Castell d'Entorn i no Entorn*, 1975: 376, 13).

Altres unitats fraseològiques que només recopila el DCVB són:

a passabarranc *loc. adv.* Fer drecera per la muntanya o pel bosc (DCVB). *D'allà estant, es dominava el vessant que davallava fins a l'abisme i el que pujava a l'altra banda, a passabarranc.* (*Sense la terra promesa*, 1991: 118, 14).

albercoc del Patriarca *loc. nom.* Varietat d'albercoc gros, de color blanquinós o groc-vermellós, és bo i madura pel juny (DCVB). *Dinarem en la taula, Margarida de la seua berena, però amb postres i aigua, és clar, de la vella, que li donà uns albercocs del Patriarca molt fins.* (*El rei Astoret*, 1975: 316, 7).

carabassa de quaranta dies *loc. nom.* Varietat de carabassa petita i llarga, de color verd i vermellós que madura pel juny (DCVB). *¡Prompte els donaré a tastar unes carabassetes de quaranta dies, la cosa bona!* (*Temps de batuda*, 1991: 80, 29).

cirera jorovina *loc. nom.* Varietat de cirera grossa, de color vermell molt fosc i de sabor molt dolç que madura pel juny (DCVB). *-El so David cull cireres poletanes i jorovines, que són les més bones. Sap molt de la terra.* (*Temps de batuda*, 1991: 98, 5).

cirera poletana *loc. nom.* Varietat de cirera molt grossa, llarguera, de color vermell i bona que madura pel juny (DCVB). *-El so David cull cireres* *poletanes i jorovines, que són les més bones. Sap molt de la terra.* (*Temps de batuda*, 1991: 98, 5).

en la vinya de Déu, de tot es veu *refrany*. A tots els llocs hi ha gent de tota classe (DCVB). *El guarda era gat vell i estava ben acostumat a tractar amb gent muntanyarda de tota mena, des de la ingènua, benintencionada i transparent -n'hi havia molta- fins als garneus més retorçuts i agosarats, que en la vinya de Déu de tot es veu.* (*Sense la terra promesa*, 1991: 113, 10).

fesol de la bogeta *loc. nom*. Varietat de fesol petit, redó, i de color vermell (DCVB). *[...] Esclafamuntanyes, reclòs a la cuina, començà a preparar una olleta de fesols de la bogeta que revivaria un mort.* (*Esclafamuntanyes*, 1976: 34, 39).

fet una tonyina *loc. adj*. Algú, molt molest, cansat (DCVB). *-Estic fet una tonyina, del viatget i del cas d'ahir. En tota la santa nit no he pogut dormir a plom.* (*Temps de batuda*, 1991: 241, 18).

mànega d'estral *loc. nom*. Mànega de gipó en forma de ferro de destral que arriba fins al colze on s'eixampla i acaba en punta. (DCVB). *Duia un giponet de vellut que fa un cosset molt bonic. "Cos de podadora", que en diuen. I les mànegues... són d'allò més preciós que s'haja vist en el món sencer. Es diuen "mànegues d'estral".* (*Joan-Antoni i els torpalls*, 1976: 239, 16).

no juguem amb canyes que ens farem tallets *refrany*. Si ens posem en perill correm el risc de fer-nos mal (DCVB). *No juguem amb canyes que ens farem tallets!* (*L'envejós d'Alcalà*, 1975: 175, 9).

ull de bou *loc. nom*. Moneda de cinc pessetes (DCVB). *-Però no hi ha un clau, Teresa, ni un clau. I la bondat d'una casa, per als criats, comença per aquí, pels ulls de bou -sentencià Justí-.* (*Sense la terra promesa*, 1991: 431, 8).

Finalment, vet ací les unitats fraseològiques inventariades pel DNV:

aclarir-se l'oratge *loc. verb*. Els núvols, desaparéixer, cessar l'amenaça de pluja (DNV). *Així, vaig pensar que no n'era una invasió seriosa i que més avall s'aclariria l'oratge.* (*Temps de batuda*, 1991: 260, 18).

de forment, ni un gra *loc. orac*. Algú o alguna cosa sense profit (DNV). *-Estic reblit de noms pomposos -vaig dir amb franquesa-: la Casa Gran, el Centro de Estudios, etcètera, etcètera. Però de forment ni un gra, que diem els valencians.* (*Temps de batuda*, 1991: 221, 11).

ésser del pinyol amarg *loc. verb.* Algú, no ésser de fiar (DNV). -*Escolta, Riteta: els metges, amb això que tenen tanta ciència, són tots una mica del pinyol amarg -sentencià molt popularment l'Anna.* (*Sense la terra promesa*, 1991: 477, 29).

ésser del pinyol dins *loc. verb.* Algú, ésser brau (DNV). "*No sóc igual*", *pensava*, "*però el rei Astoret és un albercoc del pinyol dins, i s'ho colarà tot gola avall, i jo em casaré amb ell, i, en lloc de vida de bruixa, faré vida de reina!*" (*El rei Astoret*, 1975: 327, 11).

fer cara de gos de barraca *loc. verb.* Algú, mostrar displicència envers alguna cosa (DNV). *L'albarder, per unes coses i altres, estava quimerós.* "*La meua muller fa cara de gos de barraca*", *solia dir-se gràficament, però entre dents, quan la veia tan ensopida, tan displicent, tan desinteressada de tot.* (*L'albarder de Cocentaina*, 1976: 159, 19).

fer l'enza *loc. verb.* Algú, provocar, molestar (DNV). *Qui li feia l'enza era un enfant terrible, un fill de bona casa que esglaiava tothom en aquell medi burgès amb les seues teories comunistes.* (*L'ambició d'Aleix*, 1982: 170, 28).

fet un tocacampanes *loc. verb.* (*Mantis religiosa*) Algú, estar dèbil, fluix, sense forces (DNV). -*Anem directes al centre; no passem pel mercat, que nosaltres no hi podem fer res, i menys jo que estic fet un tocacampanes.* (*Enllà de l'horitzó*, 1991: 232, 8).

43 Mantis religiosa

girar-se l'oratge *loc. verb.* El temps, canviar (DNV). *De vesprada, alguns petits propietaris, tement-se que qualsevol girada de l'oratge no fes malbé totes les garbes escampades pels guarets, [...].* (*Sense la terra promesa*, 1991: 588, 7).

més gos que un pont *loc. adj.* Algú, molt peresós (DNV). *L'únic que no li semblava malament era el nom que Bartomeu s'havia reservat, puix que era més gos que un pont.* (*Esclafamuntanyes*, 1976: 27, 1).

més torbat que un poll *loc. adj.* Algú, profundament torbat (DNV). *I també fou ell el propi que féu la seua volta més torbat que un poll.* (*El rei Astoret*, 1975: 305, 13).

no hi veure's un pallús *loc. verb.* Algú, no veure-s'hi (DNV). *[...] i quan ix de casa, s'encara bé, perquè ell no veia un pallús, per no perdre la seguida, [...].* (*Contalles de la boira*, 1982: 333, 8).

pegar-li-la al sol del migdia *loc. verb.* Enganyar a tothom encara que siga molt poderós o important (DNV). *És que aquell monarca de pocs escrúpols tenia tal cara de pasqües quan estava de bones, que li la pegava al sol de migdia.* (*El xiquet que va nàixer de peus*, 1975: 272, 22).

savina xaparra *loc. nom.* (*Juniperus sabina*) Savina que creix en forma de mates ajagudes, de vegades força grans, amb els gàlbuls de color blau negrós, pròpia de la muntanya mediterrània. (DNV). *El terreny planejava i es suavejava en terra dolça i herbosa, clapejada d'ací d'allà de ginebres terrers i eriçons i oloroses sevines xaparres.* (*Temps de batuda*, 1991: 60, 18).

44 Juniperus sabina

tonyina de sorra *loc. nom.* Part ventral de la tonyina (*Thunnus thynnus*) (DNV). *Després d'un esmorzar convenient i saborós -minxos de bona dacsa, tonyina de sorra, cireres i mig got de vi rosat-, […].* (*La idea de l'emigrant*, 1982: 291, 2).

Així mateix, cal esmentar les novetats semàntiques. Les accepcions no recollides pel DDLC però sí pel DCVB i pel DNV són les següent:

assaonar *tr.* Algú, treballar la farina prement-la repetidament perquè prenga la consistència adequada per fer el pa (DCVB, DNV).

adj. I a l'acabar-se la carn, que acompanyà amb una tallada de pa assaonat de la terra, […]. (*La mestra i el manyà*, 1975: 401, 10).

enza *m. f.* Persona que incita o provoca a fer alguna cosa (DCVB, DNV). *El seu germà Joan era dur de cor; la seua cunyada Basília era una enzeta que no parava de malcorar a l'home: així, que perdria el plet, no podria pagar i els seus ossos i les seues molles anirien a raure a la presó.* (*Els tres plets de Pasqua Granada*, 1976: 303, 8).

palloc *m.* Fulles de la panolla de dacsa (*Zea mays*) (DCVB, DNV). *El jove, de nit, ben gitat al seu marfegot de pallocs de dacsa, anava pensant i repensant el tracte, i no li semblava malament.* (*Home roig, gos pelut, pedra redona*, 1976: 254, 22).

45 Zea mays

tap *m.* Roca sedimentària composta per argila i carbonat càlcic (DCVB, DNV). *Allí el riu s'obria pas, amb bon pendent, per una valleta estreta,* *entre tarussos imponents de tap blau coronats de pinedes; [...].* (*Home roig, gos pelut i pedra redona*, 1976: 251, 12).

Les accepcions que arreplega el DCVB, un dels nostres diccionaris de referència són:

cóp *m.* Conjunt de les fulles interiors d'algunes plantes, de color blanc i tendres (DCVB, DNV). *Nit i dia somiava en una bona platerada de col de cóp bullida, tan olorosa, o de flor-i-col fregideta.* (*El llenyater de Fortaleny*, 1975: 32, 15).

creuera *f.* Part d'un arbre o d'un arbust on el tronc es divideix en les branques principals (DCVB, DNV). *I ell se'n va pujar en la creuera d'un xop vell on podia seure ben arrepapat i esperar els esdeveniments.* (*Don Joan de la Panarra*, 1976: 340, 15).

enviscada *f.* Acció i efecte d'enviscar, untar una branca o una superfície amb una substància enganxosa (DCVB, DNV). *Toni parlava, encara que poc, atrafegat amb els esparts, de coses molt concretes: de l'oratge, de les enviscades, de les perdius...*(*Enllà de l'horitzó*, 1991: 437, 8).

forcall *m.* Peça anterior de l'aladre d'un sol animal (DCVB). *Es sentia xerricar el forcallet de rodetes amb intermitències tot i esguellant així la calma profunda del capvespre.* (*Contalles de la boira*, 1982: 327, 17).

plataner *m.* (*Musa paradisiaca* sp *sapientium*) Planta herbàcia de grans fulles oblongues, molt cultivada en climes càlids pel seu fruit comestible i com a planta decorativa (DCVB, DNV). *Era un blocaus miserable entre plataners i palmeres, fet de troncs, de canyots de canyamel, de lloses i llandes.* (*Sense la terra promesa*, 1991: 458, 1).

46 Musa paradisiaca

xopada *f.* Plantació de xops (*Populus nigra*) (DCVB, DNV). *Hi ha allà, vora el gran riu, una xopada, i a cada vella soca de xop se'n fan unes niuatxades que dóna gust.* (*El llenyater de Fortaleny*, 1975: 37, 21).

47 Populus nigra

La quantitat més nombrosa d'accepcions trobades només en un dels nostres diccionaris de referència són les que arreplega pel DNV:

alcig *m.* Coses de valor ben alçades o amagades (DNV). *[...] Paulus, pretextant que no es trobava massa bé, es quedà a casa, li escorcollà l'alcig i li* *furtà ni més ni menys que una moneda de coure com un sol.* (*El llenyater de Fortaleny*, 1975: 32, 26).

atifell *m*. Recipient còncau utilitzat per a contenir líquids o per a contenir sòlids (DNV). *Arriba, destapa la caldereta i... l'esglai li va deixar el cor sense goteta de sang: dins l'atifell no hi havia col, ni gens ni mica, només un brou clarot i sense substància i algun bocí de fulla solt i filamentós.* (*El llenyater de Fortaleny*, 1975: 36, 3).

bassó *m*. Bassa petita (DNV). *I tornaria a les meues mans aquella beneïda casa de la Foia Falsa, amb el seu bassó voltat de pins gegantins on sempre nien les tórtores [...].* (*El jugador de Petrer*, 1976: 198, 20).

bordó *m*. Vora d'un jardí plantada de plantes de flor (DNV). *Altrament, vora el castell hi havia passeigs i caminals amb arbres corpulents i bordons de flors, i algunes fondalades molt fèrtils de terra de sembradura i plantat.* (*El rei Astoret*, 1975: 300, 4).

caboteta *f*. Càpsula grossa ovoide de cascall (*Papaver somniferum*), que conté nombroses petites llavors d'ús culinari i medicinal, de la qual s'extrau l'opi (DNV). *—Quanta caboteta de cascall i quanta andròmina! —renegà entre dents.* (*El pollastre de festes*, 1976: 399, 1).

caboteta *f*. Càpsula escamosa de panical (*Eryngium campestre*) (DNV). *[...] calcular i, sobretot, a triar una butxacada de cinquetes i un bon serró de cabotetes punxoses de panical.* (*Don Joan de la Panarra*, 1976: 346, 11).

48 Eryngium campestre

cua de gat *loc. nom.* (*Lithospermum fruticosum*) Mata de flors blaves i fulles linears recobertes esparsament de pèls rígids, pròpia de les brolles calcícoles mediterrànies (DCVB). *Florenci coneixia l'herba sanguinària dita també cua de gat, l'herbeta de la sang, que evita la feridura, la camamil·la diürètica i estomacal, l'àrnica per a les contusions, el card blanc per al mal de pedra...* (*La idea de l'emigrant*, 1982: 253, 21).

49 Lithospermum fruticosum

contrabassa *f.* Bassa petita on es purifica l'aigua abans d'entrar en l'aljub (DNV). *Als cinc minuts vaig passar vora la capella de l'aljub que ja coneixia i em vaig entretenir una mica a veure'n la contrabassa i el filtre de l'aigua de pluja, que era un simple caduf atapeït de timons, romanins, argelagues negres de muntanya, ben pitjats i olorosos, [...].* (*Temps de batuda*, 1991: 77, 27).

corneta *f.* (*Otus scops*) Ocell de presa nocturn, d'uns 19 centímetres de llargada, plomatge escabellat, entre grisenc i bru, amb bigotis ben marcats, que fa un crit planyívol característic (DNV). *Ric-riquejaven els grills amb alegria, piulaven els alacrans, belaven uns corders vora casa, i, en el fons dels barrancs, ja quasi foscos, i per les dotades d'olivar, miolaven de tant en tant els mussols i xiulaven les cornetes.* (*La idea de l'emigrant*, 1982: 288, 15).

50 Otus scops

covil *m* Cova amagada on algú viu apartat del món (DNV). *I en aqueixes, va arribar l'any onzé, és a dir, l'any que es presentaria Capralenc el Fi a endur-se horrorosament la seua ànima a les penoses i temibles covils de l'infern.* (*El jugador de Petrer*, 1976: 207, 2).

flocall *f.* Conjunt de branques i el fullatge amb què acaba el cim d'un arbre (DNV). *Xerricaven les petites cigales de muntanya, tenaces, incansables; movia el vent els flocalls dels arbres que rodejaven l'edifici; va lladrar sumàriament un gos -devia estar dinant també-.* (*La idea de l'emigrant*, 1982: 312, 4).

herbeta de la sang *loc. nom.* (*Lithospermum fruticosum*) Mata de flors blaves i fulles linears recobertes esparsament de pèls rígids, pròpia de les brolles calcícoles mediterrànies (DNV). *Florenci coneixia l'herba sanguinària dita també cua de gat, l'herbeta de la sang, que evita la feridura, la camamil·la diürètica i estomacal, l'àrnica per a les contusions, el card blanc per al mal de pedra...* (*La idea de l'emigrant*, 1982: 253, 21).

granís *m.* Fragment de gel arredonit i mig transparent, format en un núvol de tempesta, que no es trenquen en caure a terra (DNV). *Queia algun granisset, solt, inofensiu; [...]* (*Temps de Batuda*, 1991: 167, 32).

matacabra *f.* Fragment de gel arredonit i mig transparent, format en un núvol de tempesta, que no es trenquen en caure a terra (DNV). *En això, una esmoladora de ponent va tapar el sol, van caure pel seu voltant tres o quatre matacabres i els va comprendre una esgarrifança de fred.* (*Comencilda, Secundina i Acabilda*, 1976: 441, 12).

mornell *m.* Bossa de cuiro i xarxa que duen els caçadors penjada a l'espatla per a guardar-hi les peces de caça (DNV). *Aleix se'n pujà al despatx i abaixà la seua escopeta, la canana i una bossa de caçar proveïda de mornell.* (*L'ambició d'Aleix*, 1982: 157, 6).

rabosot *m.* Persona astuta i malintencionada (DNV). *Em vaig atrevir a aconsellar: 'Jo, de vostès, abans esperaria allà que s'hi presentàs el rabosot, si és que n'hi ha'.* (*Temps de batuda*, 1991: 335, 19).

rastellera *f.* Conjunt de penyes crestudes que sobreïxen en filera en la carena o en el vessant d'una muntanya (DNV). *Tanmateix, el rei, a la mitja hora de cavalcar tot sol, aconseguí d'arraconar-lo contra una rastellera de penya on l'animal no tenia escapatòria.* (*El rei Astoret*, 1975: 301, 13).

serrell *m.* (*Helictotrichon filifolium*) Planta gramínia pròpia dels erms mediterranis (DNV). *Ho havia llegit en l'amplària de les passes, digué, mirant ací una pedreta girada que deixava al descobert una terra més humida, allà una tija de serrelló xapada...* (*Temps de batuda*, 1991: 94, 8).

51 Helictotrichon filifolium

Un altre dels assumptes que ens ha semblat d'interés són les paraules, les unitats fraseològiques i les accepcions normatives incorporades pel DIEC2 i no inventariades pel DDLC. Es tracta de 21 paraules, 10 locucions i 16 accepcions que tot seguit enumerem.

Lèxic

aclotar *v.* Algú, fer clots, en un camp o en un terreny, per plantar-hi (DIEC2). *Senyalar, doncs, als estius, i aclotar a la tardor i a l'hivern.* (*Temps de Batuda*, 1991: 25, 29).

baleja *f.* Escombra feta de rames de bedoll (*Betula pendula*) o d'altres plantes emprada per a balejar o escombrar l'era (DIEC2). -*No, ara en tornar li ajudaré, i a la vesprada, que estaré més descansat, tiraré bé de pala i de baleja.* (*Temps de batuda*, 1991: 243, 18).

52 Betula pendula

blanca *f.* (*Pica pica*) Ocell de la família dels còrvids, d'uns 46 centímetres de llargada, amb el plomatge negre iridescent i el ventre i la zona mitjana de les ales blancs (DIEC2). *Doncs el misteri estava que ell i la seua corbessa, o siga la muller, ho havien consultat a la seua cosina, la comare blanca, aqueixa garsa que té fama de ser l'ocell més astut i desvergonyit del món.* (*La rabosa i el corb*, 1976: 423, 4).

53 Pica pica

borrascall *m.* Borrasca petita de neu (DIEC2). *-No crec que faça més que un borrascall -va diagnosticar el muntanyès-. Ara: fred... -va prosseguir-. Passaran mala nit les raboses!* (*Enllà de l'horitzó*, 1991: 439, 11).

borrasquejar *v.* Fer temps borrascós (DIEC2). *Prompte es féu clar, i l'oratge rúfol borrasquejava bruixo finet sobre els capots dels vehicles mentre travessàvem el pla de Barraques, encara sobre clapes de neu esclafada.* (*Enllà de l'horitzó*, 1991: 182, 11).

bruixó *m.* Precipitació en forma de grans de gel arredonits i mig transparents, formats en un núvol de tempesta, que no es trenquen en caure a terra (DIEC2). *Mentrestant, s'havia fet quasi de nit, i la tempesta, fent-se ben ferma, començà a llançar sobre Camara aiguaneu i bruixó, que assotaven l'oberta entrada de la cova.* (*El rei Astoret*, 1975: 308, 5).

canalís *m.* Depressió, llarga i estreta, de fons arenós o fangós en el fons rocós del mar, d'un riu, etc. (DIEC2). *Allò s'esdevenia en un punt on, vora el fons del canalís, no lluny del camí de ferradura [...].* (*El dimoni fumador*, 1975: 212, 9).

cascavelliquer *m.* (*Prunus domestica*) Prunera d'una varietat que produeix cascavellics, prunes petites i redones de color purpuri (DIEC2). *I el jove agafà un verduc de cascavelliquer, i li pegà tal batussa que, de poc de poc, no li deixa sanes ni les dues corretges de pell de l'esquena, [...].* (*Home roig, gos pelut i pedra redona*, 1976: 268, 12).

54 Prunus domestica

cell *m.* Núvol prim i allargassat, que es posa al cim de les muntanyes, a l'horitzó, etc. (DIEC2). *[...] el cel s'havia tapat d'un cell espès i translúcid que deixava a males penes filtrar-se una claror llunar on es desdibuixaven ombres i turons.* (*Viatge de Nadal*, 1982: 397, 15).

cospí *m.* (*Caucalis platycarpos*) Herba de la família de les umbel·líferes, de fulles ovades o de contorn triangular, molt dividides, flors blanques o una mica vermelloses, en petites umbel·les, i fruits oblongs, coberts de forts agullons, que es fa als camps de cereals (DIEC2). *[...] tot cofoi amb la seua barba negra, que li pegava dues voltes a la cintura per no dur-la per terra i que se li omplís de llavor de calcides i cospins.* (*Esclafamuntanyes*, 1976: 27, 16).

55 Caucalis platycarpos

desempescar *v.* El peix, traure'l dels ormejos amb que s'ha pescat (DIEC2). *La traguí, i tot era desempescar peixets, que, al caure en el sòl de la barca, es tornaven xiquets molt boniquets, rossos com el fil de l'or.* (*La Mare dels Peixos*, 1975: 57, 13).

escataineig *m.* Crit de la gallina (DIEC2). *Unes hores després, entre les boires de la son, va sentir l'escataineig d'unes gallines i el cant agut i familiar d'un gall.* (*Abella*, 1976: 116, 8).

falcillot *m.* (*Apus apus*) Ocell migrador de cos afusat, potes curtes i ales llargues en forma de falç, la vida del qual transcorre en gran part a l'aire (DIEC2). *Al bosc es sentien els parrupeigs de tórtores i todons; travessaven el cel en vols rabents els falcillots de muntanya, de panxa blanca i ales punxegudes i veloces.* (*Enllà de l'horitzó*, 1991: 117, 25).

56 Apus apus

Llentisclar *m.* Matollar de llentiscles (*Pistacia lentiscus*), arbre petit perennifoli, d'olor resinosa, de fulles amb els folíols el·líptics i coriacis, flors petites verdoses i vermellenques, agrupades en raïms densos, i fruits vermells que es tornen negres a la maduresa (DIEC2). *Agafà una costa avall, entre pinedes i llentisclars, i vinga xiular la tonada d'aquella cançoneta que diu: [...].* (*Joan-Antoni i els torpalls*, 1976: 228, 17).

57 Pistacia lentiscus

negrelló *m.* Malaltia de les gramínies provocada per fongs paràsits intercel·lulars, que es manifesta en forma de pols negra o carbonosa (DIEC2). *[…] i la malura també atacà els blats, que, en lloc de granar com sempre, contragueren el negrelló, que torna carbonet els grans.* (*El llenyater de Fortaleny*, 1975: 43, 6).

saboc *m.* (*Caprimulgus ruficollis*) Ocell de la família dels caprimúlgids, d'uns 30 centímetres de llargada, de plomatge de tons bruns i grisos amb una taca blanca a la gorja (DIEC2). *Dins la riera cantaven els mussols, xiulaven les serps; vora casa i quasi entre nosaltres, una nit d'aquelles va passar un ocellot que ens va esfereir: un saboc, segons ens explicà el pare.* (*Temps de batuda*, 1991: 24, 7).

58 Caprimulgus ruficollis

sarmentada *f.* Conjunt de sarments d'una vinya (DIEC2). *Aquests apareixien pomposos, amb bona sarmentada per a ser encara de mallol, i entre els pàmpols els lluïen raïmets en agràs, de granets verdíssims, redons com a petites perles.* (*Sense la terra promesa*, 1991: 151, 17).

Unitats fraseològiques

alfals bord o silvestre *loc. nom.* (*Medicago sativa* ssp. *falcata*) Planta de la família de les papilionàcies, molt semblant a l'alfals cultivat, però de flors grogues i fruit falcat, que es fa espontàniament als marges i herbassars (DIEC2). *-És alfals bord, de la mateixa família que l'alfals que es fa a les hortes -li explicà científicament Monlió-. El conreat es diu en llatí* Medicago sativa *i el silvestre* Medicago falcata. (*Sense la terra promesa*, 1991: 339, 29).

59 Medicago sativa

alzina de fulla llarga *loc. nom.* (*Quercus ilex*) Arbre amb les fulles d'un color verd fosc, de fusta dura i resistent i que produeix aglans com a fruit (DIEC2). *Distingia clarament el pi blanc, el roig i el ver, l'alzina de fulla llarga o carrasca, el ginebre, els oms, les acàcies, els arbres blancs, els xops o pollancres [...].* (*Temps de batuda*, 1991: 20, 6).

60 Quercus ilex

argelaga negra *loc. nom.* (*Calicotome spinosa*) Arbust de la família de les papilionàcies, molt espinós, de color verd fosc amb fulles trifoliolades, flors grogues primaverals i fruit en llegum, abundant a les brolles mediterrànies de sòls silicis (DIEC2). *[...] passejant molt a pleret per mig d'un pla de romanins i timons i argelagues negres florides, que hi ha al capdamunt* *d'un alt pinós i piramidal que es diu el Puntal d'Amorós.* (*La rabosa i el corb*, 1976: 421, 1).

61 Calicotome spinosa

bram d'ase que no arriba al cel *loc. orac.* Allò que algú diu i que no mereix d'ésser atés (DIEC2). *-No és res d'important, home: a tot posar, un bram d'ase que no deu arribar al cel -va fer tot cabalístic.* (*Enllà de l'horitzó*, 1991: 187, 14).

de pedra seca *loc. adj.* Pedres, disposades sense cap material de lligament en una construcció (DIEC2). *Dinaren acampats vora uns enormes pins vers, que es deien els pins de Plaça, i prop del peu de Camara, en una borja de pedra seca, deixaren apostats els arquers per arreplegar-los a la baixada.* (*El rei Astoret*, 1975: 307, 10).

peix d'arena *loc. nom.* (*Scincus scincus*) Rèptil saure de la família dels escíncids, d'escates llises i perfectament encaixades, cos deprimit, sense coll, cap afusat i extremitats totalment adaptades per a nadar i enterrar-se a l'arena del desert (DIEC2). *En altres ocasions, la sequedat més extrema s'apoderava d'aquelles terres altes, i s'omplien les desertes voravies de la vila amb peixos d'arena que el vent duia o alçava amb les seues amples ales i amb la qual assotava les boques i els ulls dels transeünts escassos.* (*Sense la terra promesa*, 1991: 437, 16).

timó mascle *loc. nom.* (*Teucrium polium*) Mata de la família de les labiades, tota coberta d'una pilositat fina grisenca, de flors blanquinoses, que es fa a les brolles i als prats secs de les terres mediterrànies poc seques (DIEC2). *[...] i que es diu teucrium polium; que el timó mascle és el senyor teucrium aureum; que les altes falgueres són les dames polipodiàcies, les senyores pteris aquilina...* (*La idea de l'emigrant*, 1982: 289, 18).

62 Teucrium polium

Segons Bigas (1996: 71) Seran mascle les plantes més fortes, més grans i de color més intens:

> La saviesa popular no té prou coneixements per a discernir el sexe de les plantes, si és que es pot parlar de sexe de les plantes, aquests organismes tan heterogenis que presenten diversos sistemes de reproducció. És a dir, que probablement ni *mascle* ni *femella* tenen res a veure amb el sexe com a element reproductor i, en canvi, poden fer referència a característiques dels individus mascle o femella en el món humà o animal, generalitzades culturalment en la nostra societat i probablement allunyades del món de la realitat no ja vegetal sinó, fins i tot, d'algunes espècies animals.

Accepcions

bota *f.* Mesura de capacitat per al vi, equivalent a 64 porrons (*DIEC2*). *-No hi ha dret! -deien colliters mitjans, de dos mil cànters, de mil cinc-cents, i molts de petits, de collites de cinc o sis bótes-.* (*Sense la terra promesa*, 1991: 524, 9).

llapassa *f.* (*Setaria verticillata*) Xereix de panícula molt densa, espiciforme, de vegades un poc interrompuda a la part inferior, amb setes cobertes de denticles dirigits cap avall, que s'adhereix fortament a la roba, freqüent en horts i en herbassars ruderals (DIEC2).

morisc *m.* Vent que ve del sud-oest (DIEC2). *A la matinada, anaren arribant el Llevant, el Morisc, el Migjorn, el Cerç, la Provença, la Tramuntana...[...].* (*El xiquet que va nàixer de peus*, 1975: 280, 18).

palleta *f.* Tija ensofrada d'un vegetal poc consistent que, acostada a una brasa, crema amb flama (DIEC2). *Amb una palleta de les que venia, va traure foc del foguer d'estanyar i encengué la brossa pel capdavall.* (*Llegenda del Palleter*, 1976: 213, 17).

5. Estratègies de creació lèxica en l'obra d'Enric Valor

El nostre objectiu és examinar detalladament com Enric Valor crea un model lèxic convergent, utilitzant la normativa de Fabra com a fonament i estructura, i enriquint-la amb contribucions lexicosemàntiques i fraseològiques extretes tant dels clàssics antics com dels parlars vius. Aquesta manera de fer de l'escriptor de Castalla ha amerat pregonament el català que s'ha difós durant els darrers decennis entre els valencians. Existia un anhel de combinar dos objectius essencials per a la viabilitat de la llengua: el desenvolupament d'un estàndard unificat per a la intercomunicació entre els parlants de totes les zones, que també facilitarà l'accés a un mercat cultural comú, i la identificació (tant emocional com social) dels parlants amb aquest model.

Podem sostenir que Enric Valor va elaborar un model lèxic literari de referència per al català en el País Valencià i que es va basar en el model de Fabra. Aquesta afirmació es fonamenta en les dades estadístiques extretes de la tesi doctoral de Martines (2017a), que indiquen que Valor enriqueix el seu model lèxic amb vocabulari i fraseologia de tot l'àmbit lingüístic, així crea un model composicional alineat amb les directrius de Pompeu Fabra i que segueix la doctrina de Guarner i Giner. L'escriptor utilitza diverses estratègies en la seua obra literària per a estructurar aquest model lingüístic. Descobrim en les seues narracions nombrosos exemples de variació sinonímica, incloent-hi geosinònims, que Valor empra a vegades en un mateix fragment narratiu. Això facilita la comprensió dels usos més propers i, sovint, dels que predominen en la llengua literària.

5.1. Varietats geogràfiques: geosinònims

A continuació, presentarem exemples que basteixen el model composicional a través de l'ús de geosinònims dins d'un passatge literari seleccionat.

alls durs/allioli: salsa feta d'all i oli.

Els alls durs, com diuen per aquelles serres, o l'allioli amb què es coneixen a la Baixura, acabaven d'estimular-nos. (*Enllà de l'horitzó*, 1991: 309, 4).

Empra el nom estandarditzat *allioli* per a il·lustrar el significat del geosinònim *alls durs* que té un ús limitat i és particular dels pobles de la Serra de Mariola.

arena/sorra

No feia calor; ens acariciava el soroll mansoi de la mar propera redolant les seues ones minses damunt l'arena i la sorra rogenques; [...]. (*Temps de batuda*, 1991: 271, 20).

Aquesta vegada, Valor fa servir dos geosinònims diferents, però assigna al terme *arena* una connotació distinta: '*arena* grossa', com detalla en el *Vocabulari escolar de la llengua* (1989, 327). Aquest ús està també documentat en el DNV.

blanca/garsa: (*Pica pica*) ocell de la família dels còrvids, d'uns 46 centímetres de llargada, amb el plomatge negre iridescent i el ventre i la zona mitjana de les ales blancs (DIEC2).

Doncs el misteri estava que ell i la seua corbessa, o *siga la muller, ho havien consultat a la seua cosina, la comare blanca, aqueixa garsa que té fama de ser l'ocell més astut i desvergonyit del món.* (*La rabosa i el corb*, 1976: 423, 4).

En un altre exemple, Valor facilita l'enteniment i la familiaritat amb la paraula *blanca*, un terme característic del valencià.

cu-cut: aquesta és l'onomatopeia del cant del *cucut*, un ocell el nom del qual és, de fet, una onomatopeia.

cucut/cuquello: (*Cuculus canorus*) ocell de plomatge cendrós blavenc i de cant monòton i característic, la femella del qual pon els ous en nius d'altres espècies.

—*Cut-cut, cut-cut! No hi havia dubte: el cuquello cantava ja.* (*Home roig, gos pelut, pedra redona*, 1976: 256, 10).

Estava mort de son, perquè el cucut havia cantat, com hem dit, a mitjanit i no a la matinada, cosa que el sorprengué molt, [...]. (*Home roig, gos pelut i pedra redona*, 1976: 256, 4).

Dins de la mateixa rondalla, empra el terme estàndard *cucut*, així com el geosinònim valencià *cuquello* i l'onomatopeia *cu-cut* que dona lloc a aquesta darrera paraula. *Cuquello* és la forma que predomina, ja que es menciona nou vegades, mentre que *cucut* només quatre; ambdós termes es troben exclusivament en la mateixa narració: *Home roig, gos pelut i pedra redona*.

alzina de fulla llarga/carrasca: (*Quercus ilex*) és un arbre de fullatge de color verd fosc, amb fusta dura i resistent, que genera aglans com a fruit.

Distingia clarament el pi blanc, el roig i el ver, l'alzina de fulla llarga o carrasca, el ginebre, els oms, les acàcies, els arbres blancs, els xops o pollancres [...]. (*Temps de batuda*, 1991: 20, 6).

Fa ús de dos geosinònims, un característic del català oriental i l'altre del català occidental, en una estratègia que facilita la comprensió i contribueix a l'estandardització del vocabulari.

eriçó/cadira de pastor: (*Erinacea antithyllis*) és una planta molt espinosa amb una forma arredonida que sembla un coixí, típica de llocs àrids i rocosos.

63 Erinacea antithyllis

Agafàrem un corriol que hi pujava degradat -un caminet de perdius- entre amples *coixins de punxoses cadires de pastor o eriçons, que sens dubte donaven expressiva designació a la soberga altura.* (*Temps de batuda*, 1991: 125, 27).

Usa el terme normatiu *eriçó* al costat del geosinònim valencià *cadira de pastor.*

gebre/rosada blanca: conjunt de cristalls de gel que, en temps de fred, es formen a partir de la boira i es dipositen sobre superfícies.

En pocs dies el fred de la tardor s'havia accentuat i els primers gebres, o "rosades blanques" com deia Vicent, feren la seua aparició per les obagues. A l'alba, les penyes, els arbres, la fullaraca arremolinada pels vents, prenien un to indefinit, entre blanc i blavós. (*L'ambició d'Aleix*, 1982: 85, 16).

Valor fa servir la veu del narrador per introduir el terme *gebre*, que no és gaire utilitzat al País Valencià. A més, atribueix a Vicent, un dels seus personatges, l'ús de la locució nominal *rosada blanca*, que és més familiar en aquesta regió; així proporciona al lector el coneixement de les dues variants geosinònimes.

guineu/rabosa: (*Vulpes vulpes*) és un mamífer carnívor pertanyent a la família dels cànids. Es caracteritza per tenir un cos esvelt i allargat, un cap triangular, un musell estret, orelles erectes i triangulars, potes curts, una cua llarga i espessa, i un pelatge suau.

Però quan el mig pollastre es va veure tan sol, i que els enormes gramàntols se li anaven a tirar tots damunt amb els seus horrorosos becs i esperons amanits, va dir a la guineu que portava dins: —Ix, rabosa, que ara és la teua! (*Història d'un mig pollastre*, 1976: 432, 3).

El terme *rabosa* és comú en gran part del català occidental; mentre que *guineu* és més usat en el català oriental i en zones del nord-occidental.

llaurador/ pagès: Persona que es dedica al conreu de la terra.

A la notaria, com un dia de gala. Els pagesos i llauradors que venien a fer-hi les seues curtes o les seues misèrrimes escriptures, negligits i arraconats, congriaven una democràtica bonior en una sala a banda, en una peça desmanegada i fumosa on humilment s'havien deixat recloure.

Prefereix majoritàriament fer servir el geosinònim valencià *llaurador*, encara que també incorpora el terme *pagès* del català general.

paloma/papallona: insecte que pertany a l'ordre dels lepidòpters, amb un cos llarg i prim, dotat de quatre ales que sovint presenten colors vius i una tromba especialitzada per a xuclar el nèctar de les flors.

Llavors, aparegué revolant per damunt de l'altar una grossa papallona que feu algunes passades vora els caps dels prínceps contraents. —Quina paloma més fina! —s'estranyava la gent. (*L'amor de les tres taronges*, 1976: 152, 14).

Utilitza el mot estàndard *papallona* quan el narrador intervé i el geosinònim valencià *paloma* en la veu del personatge, cosa que enriqueix la caracterització.

pollancre/xop: (*Populus nigra*) és un arbre caducifoli amb una capçada allargada i fulles de forma romboidal, típic de les terres humides, especialment al llarg de riberes fluvials.

Distingia clarament el pi blanc, el roig i el ver, l'alzina de fulla llarga o carrasca, el ginebre, els oms, les acàcies, els arbres blancs, els xops o pollancres -molt abundants vora el nostre riuet-, les nogueres i les serveres. (*Temps de batuda*, 1991: 20,7).

Els dos casos de geosinònims que trobem en aquest fragment són *alzina de fulla llarga* o *carrasca* que ja hem explicat adés; i el segon, *xop* del català occidental i *pollancre* de l'oriental.

sanguinària/herbeta de la sang/cua de gat: (*Lithospermum fruticosum*) és un arbust de flors blaves i fulles linears lleugerament piloses, típica dels matollars calcícoles de la regió mediterrània.

Florenci coneixia l'herba sanguinària dita també cua de gat, l'herbeta de la sang, que evita la feridura, la camamil·la diürètica i estomacal, l'àrnica per a les contusions, el card blanc per al mal de pedra... (*La idea de l'emigrant*, 1982: 253, 21).

L'ús de sinònims en noms de plantes o animals és una pràctica comuna que s'ha observat en diversos exemples previs. Enric Valor (2013–4, 154) utilitza *herbeta de la sang* com a sinònim de *sanguinària*. A més incorpora *cua de gat*, un geosinònim usat a Catalunya segons el DCVB.

xara/garriga: vegetació baixa i densa formada d'arbusts o mates.

Travessàrem la garriga devers el barranc. La humitat de la boira se'ns apegava a la camisa, a les celles, als cabells, als pantalons, que a més arreplegaven la mullena creixent de les mates de la xara. (*Temps de batuda*, 1991: 143, 8).

El darrer testimoni de geosinònims dins del mateix fragment fa referència a *garriga*: estàndard general i *xara*: propi del valencià meridional.

5.2. Els mecanismes explicatius

Enric Valor implementa un altre recurs per a la construcció del model composicional de llengua: les notes explicatives, les quals són de diferent tipus.

- *És alfals bord, de la mateixa família que l'alfals que es fa a les hortes -li explicà científicament Monlió-. El conreat es diu en llatí Medicago sativa i el silvestre Medicago falcata.* (*Sense la terra promesa*, 1991: 339, 29).

Dins del diàleg entre personatges, fa una distinció entre els dos tipus d'*alfals*, el *bord* o *silvestre* i el 'conreat'; així ofereix també una observació etimològica.

- *Aljub i cisterna són sinònims: l'un mot, aràbic; l'altre llatí -vaig explicar-.* (*Enllà de l'horitzó*, 1991: 35, 3).

Diu que són sinònims i, a més a més, els analitza etimològicament.

Aquell hivern, Albert el va convidar uns dies a caçar "al febrer" a la Foia Roja. ("Al febrer", en la terminologia cinegètica de totes aquelles valls i muntanyes, volia dir "a la perdiu amb perdigot" durant la segona part de la hivernada.) (*Sense la terra promesa*, 1991: 503, 11).

Com a expert caçador, el mestre castallut utilitza terminologia específica d'aquest àmbit que fa referència al període de caça "*al febrer*" i situa geogràficament l'expressió.

- *Els meus budells ja m'avisen, i la meua "ceba" -Llorenç va traure de la butxaca del jupetí (anava en mànegues de camisa) un rellotge de dues tapes daurades que feia un sorprenent tic-tac-. La meua "ceba" marca tres quarts menys cinc per a la una.* (*Enllà de l'horitzó*, 1991: 113, 22).

Emfatitza amb cometes el mot "*ceba*", tècnica que aplica també en altres ocurrències, com la nota explicativa "*el xic de la mare*".

Caterina, com que per a ella era sempre un infant, un colomí sense fel, és a dir, "el xic de la mare", va somriure incrèdula i complaguda. (*Sense la terra promesa*, 1991: 110, 12).

Una altra locució entre cometes és "*fer cara de gos de barraca*".

"La meua muller fa cara de gos de barraca", solia dir-se gràficament, però entre dents, quan la veia tan ensopida, tan displicent, tan desinteressada de tot. (*L'albarder de Cocentaina*, 1976: 159, 19).

Valor incorpora refranys en les seues narracions. A més, explica en alguns casos que es tracta d'un refrany, la seua procedència -com el País Valencià- o els seus usuaris habituals, com els llauradors experimentats.

Cap avall l'aigua corre, que diu el refrany. (*El pollastre de festes*, 1976: 407, 16).

Estic reblit de noms pomposos -vaig dir amb franquesa-: la Casa Gran, el Centro de Estudios, etcètera, etcètera. Però de forment ni un gra, que diem els valencians. (*Temps de batuda*, 1991: 221, 11).

"L'oli diu al vi: vine ací, cosí", deien els llauradors experimentats. (*Temps de batuda*, 1991: 230, 13).

Per il·lustrar conceptes, recorre a hiperònims com *mussol* per especificar quina au és un *duc*.

[...] com d'un gros borrelló de llana que passàs invisible i veloç entre ells; podia semblar també el vol apagat d'un gros mussol, d'un duc. (*El Castell del Sol*, 1975: 108, 2).

[...] sentí uns desigs diferents als de Vicent: volia "eixir del cau", com ell deia, córrer món. (*La idea de l'emigrant*, 1982: 210, 6).

Introdueix locucions com "eixir del cau" mitjançant els diàlegs dels personatges i deixa al narrador l'explicació del significat de l'expressió.

No cal dir que, en les seues aventures amoroses, i no en les relacionades amb dames de la bona societat precisament, sinó en les tingudes amb "vedelletes" que deien al poble, filles de mitgers seus o veremadores o collidores de fruita, [...]. (*Temps de batuda*, 1991: 14, 15).

"*Vedelletes*" és un terme local que fa servir per descriure un cert tipus de dones.

[...] algun núvol alt i solt, de forma d'esmoladora (esmoladores els deien a Cassana), presagiava per a més avant del dia un poc de vent de tramuntanal. (*Sense la terra promesa*, 1991: 355, 28).

Empra parèntesis per indicar la localització geogràfica: Castalla.

De tard en tard -puix el país no és molt plovedor- hi arriba un temporal de gregal -les provençades, segons el lèxic d'allí-, [...]. (*La Foia de Castalla*, 1982: 321, 22).

Els guionets són un altre element que empra en les explicacions, com quan indica la variant utilitzada a la Foia de Castalla.

[...] i anà tot seguit a descobrir el tàntol, consistent en tres cantals grossos que sostenien, per la part que donava a la barraca, una llosa alta, pissarrenca, que defensaria de perdigonades el perdigot reclam. (*Sense la terra promesa*, 1991: 506, 28).

Defineix paraules menys conegudes com *tàntol*: paraula mallorquina.

– *Aquí vaig: necessiten xerri, fem, si no no hi ha vinya.* (*Temps de batuda*, 1991: 338, 19).

L'hiperònim *fem* l'usa per a definir *xerri*: fem produït pels excrements del bestiar de llana i cabrum.

Em caldrà fer-los una bona desinfecció: tenen la negra, un fong molt petit que acaba amb el fullam, i l'aranyeta i altres coses. (*Sense la terra promesa*, 1991: 346, 6).

Les explicacions, com s'ha vist adés, són variades i tenen com a finalitat l'enriquiment lèxic. Com en el cas de *negra*: malaltia de l'olivera a causa d'un fong que fa que l'arbre quede cobert d'un polsim negre.

– *M'ha tocat pujar a l'alt dels Eriçons, que xonetes no n'hi ha pertot arreu: només a certes solanes [...]-Són les que a València anomenen "vaquetes".* (*Temps de batuda*, 1991: 288, 26).

Finalment, utilitza geosinònims per a referir-se a un tipus de caragol. *Xona*, valencià meridional i *vaqueta*, valencià central i Tortosa (DCVB). Aquest diccionari diu també que sembla més gros. Valor els empra amb el mateix significat.

5.3 Geosinonímia general

Prosseguim amb la demostració del model lèxic d'Enric Valor, ara ens centrem en l'estudi dels geosinònims de forma més ampla i no limitant-nos únicament a un fragment específic com hem fet fins ara. Enric Valor recorre exclusivament a la forma valenciana *albadoc* (5),[24] sense utilitzar la versió de català estàndard *badoc*. Aquesta preferència es repeteix amb altres termes: *caragol* (6), en la variant de català occidental i balear; *cuixot* (3), propi del valencià meridional; i el terme valencià *asséver* (*Aloe sp*) (1), que apareix exclusivament en l'expressió "*amarg com l'asséver*".

24 Aquest nombre indica la quantitat de vegades que trobem el mot o la locució en el COLEV.

64 Aloe sp

Aquests dos casos il·lustren una gran similitud: els termes més generalitzats en l'estàndard, *farigola* (*Thymus vulgaris*) i *xai*, no figuren en el COLEV. Respecte a *farigola*, destaca la predominança de la variant *timó* (38), comú en el català occidental, tot i que també apareix *frígola* (1), probablement pel contacte amb el dialecte de Mallorca a la Marina Alta, com es reflecteix a la novel·la *L'ambició d'Aleix*. Pel que fa a *xai*, terme habitual en la majoria dels diccionaris de referència, Enric Valor opta pels geosinònims *anyell* (24), típic de català oriental; *corder* (14), usat en bona part del català occidental; i *be* (4), de l'àmbit general català.

65 Thymus vulgaris

L'estratègia de Valor, tal com s'ha observat en exemples previs, consistia a rescatar i introduir les variants lèxiques valencianes, tant generals com meridionals, dins del català estàndard. Això inclou l'adopció de formes ja establertes dins del model estàndard comú que s'havien integrat àmpliament. Els casos examinats ratifiquen l'ús per part de Valor del lèxic de tot el territori per configurar un model lingüístic composicional, tal com Pompeu Fabra demanava als escriptors valencians i mallorquins. Enric Valor rescata i preserva el lèxic autòcton valencià, "els vells mots valencians" en paraules de Jordi Colomina (1995: 173). En la majoria d'exemples, preval la forma valenciana o aquella del català occidental, que li resultava més natural i propera a l'escriptor de Castalla.

Un cas paradigmàtic d'aquesta estratègia és l'adaptació de la locució *matar dos ocells d'un sol tir*. Enric Valor, en el seu afany d'estandardització, substitueix *pardal* per *ocell* perquè aquesta és la forma més naturalitzada de l'estàndard comú.

Tot i ser una mica bleda i somiatruites per a moltes coses, sempre havia procurat matar dos ocells d'un sol tir: tenir un home trempat que satisfés la seua normal concupiscència, i alhora un marit que la tragués per sempre de la inseguretat econòmica. (*Sense la terra promesa*, 1991: 412, 22).

Prèviament, s'ha fet referència als geosinònims *alzina de fulla llarga* i *carrasca*. És remarcable, però, que el terme *carrasca* (99), profundament arrelat al català occidental, supera en tres vegades l'ús d'*alzina* o *alzina llarga* (32) dins del COLEV.

També és digne de menció l'ús predominant d'*ase* (84), la forma acceptada per l'estàndard comú. Les formes *ruc* (15) i *burro* (2) apareixen exclusivament en les rondalles de Valor.

Les expressions *cadira de pastor* (3) i *eriçó* (3) han estat objecte d'anàlisi prèviament. Es tracta de geosinònims valencians que l'autor utilitza amb idèntica freqüència.

A continuació, es presenta una relació de sinònims on predomina l'ús del terme més estés i naturalitzat en el català estàndard.

Flora, vegetació i fruits:

- *atzavara* (3) i *pitera* (2) (*Agave americana*): només els usa a les rondalles. La variant *pitera* és pròpia del País Valencià.

66 Agave americana

- *blat* (102) i *forment* (2): l'ús del mot valencià *forment* és pràcticament simbòlic i es decanta clarament per l'estàndard general *blat*.
- *cirerer* (9) i *cirer* (1): la segona forma només apareix en la rondalla *el Rei Astoret* i s'inclina per *cirerer* que és la més estesa.
- *civada* (3) i *avena* (2) (*Avena sativa*): apareix una vegada més el mot del català general *civada* que el característic del valencià *avena*.

67 Avena sativa

- *gla* (6) i *abellota* (1): només usa una ocasió la variant formal valenciana de *bellota* en la rondalla *Home roig, gos pelut i pedra redona*. En totes les altres ocasions empra la forma estàndard general *gla*.
- *heura* (6) i *hedra* (1) (*Hedera sp*): només fa servir una vegada la forma arcaica pròpia del català occidental en la rondalla *Don Joan de la Panarra*, en la resta sempre usa *heura*.

68 Hedera sp

- *nou* (14) i *anou* (1): la variant secundària *anou* apareix en la novel·la *Enllà de l'horitzó*; a més a més, cal destacar que mai empra la forma *anouer*, sempre l'estàndard femení *noguera*.
- *romaní* (36) i *romer* (16): s'inclina per la variant del català oriental. Segurament perquè ja s'havia neutralitzat en la llengua literària la pròpia del català occidental *romer*.
- *salze* (1) i *sàlzer* (1) (*Salix sp*): el primer és la forma general normativa i la segona una variant ortogràfica que s'empra a algunes zones del País Valencià.

69 Salix sp

Animals:

- *duc* (6) i *bufól* (2): la variant valenciana de *brúfol*, tipus de mussol, és també emprada menys voltes que el vocable general *duc*.
- *llagost* (2) i *llagostí* (1): el primer és el nom estàndard i és present en la novel·la *Sense la terra promesa*; el segon hi apareix en la rondalla *Joan-Antoni i els torpalls*.
- *miolar* (3), *maular* (3) i *miular* (1): les que més s'usen són la variant normativa *miolar* i la pròpia del català occidental i del mallorquí *maular*. També s'empra la forma *miular*: valencià general i les Illes.
- *oroneta* (4) i *oronella* (1) (*Hirundo rustica*): preval la forma més general, *oroneta*. *Oronella* apareix en la rondalla *Don Joan de la Panarra*.

70 Hirundo rustica

- *ocell* (106), *pardal* (31) i *moixó* (10): cas en el qual es decanta més clarament per la paraula estàndard per excel·lència, *ocell*. *Pardal*: pràcticament només és emprat en fraseologia i amb altres sentits. *Moixó*: només per als ocells petits.
- *papallona* (17), *paloma* (2), *palometa* (3) i *voliana* (2): l'estàndard comú que més fa servir és *papallona*. També aporta les formes del català occidental *paloma* i *palometa* i el geosinònim del nord-occidental i zones pròximes del català oriental *voliana*.

Altres:

- *destral* (26) i *estral* (5): prioritza la forma amb *d-* pròpia del català oriental i del català occidental, excepte el de la franja, davant la forma emprada al País Valencià que només la fa servir una vegada en diminutiu en la rondalla *La Mare dels peixos* i quatre en la locució *mànega d'estral*.
- *llampec* (14) i *rellampec* (7): trobem el doble de vegades la forma general que la característica del català occidental.
- *mas* (556), *masada* (62) i *masia* (20): *mas* és la paraula general que més vegades és present en el COLEV, és la predominant a la Foia de Castalla, d'on era Valor. Així i tot, també es troben altres mots com *masada*: part del català occidental i *masia*: el més estés a tot el territori de parla catalana.

Ara, oferirem una selecció d'exemples on es fa més ús de termes característics del valencià meridional, del valencià general o del català occidental.
Flora, vegetació i fruits:

- *bresquilla* (10) i *préssec* (3): utilitza majoritàriament el mot valencià, però vuit vegades ho fa com a malnom d'un dels personatges.
- *creïlla* (14) i *patata* (3): predomina la paraula valenciana; el mot general *patata* és utilitzat però només en alguna rondalla.
- *dacsa* (32) i *panís* (6): empra dos mots propis del valencià; el primer de la zona central del País Valencià, el segon de la major part del català occidental. No hi ha cap cas de la locució nominal *blat de moro* usada a moltes contrades de Catalunya, incloent-hi el català nord-occidental.
- *safanòria* (6) i *pastanaga* (1): empra quasi sempre la forma característica del català occidental i de part d'algunes zones del català oriental com

Girona i Mallorca. Únicament usa la forma *pastanaga* per a referir-se a la borda, la no conreada.

- *vimen* (3) i *vímet* (1): té preferència per la forma del valencià meridional i part del català occidental per davant de la forma normativa.
- *xara* (45) i *garriga* (28): el vocable del valencià meridional pràcticament dobla al del català general.
- *xop* (17) *pollancre* (2) i *pòpul* (1); *xopada* (8) i *pollancreda* (1): els termes del català occidental *xop* i *xopada* són els més usats; també fa menció dels del català oriental i, fins i tot, introdueix el vocable *pòpul* emprat a Almassora i l'Alguer segons el DCVB i l'ALDC.

Animals:

- *alacrà* (9) i *escorpí* (1): preval el mot valencià sobre el del català general *escorpí.*
- *rabosa* (141) i *guineu* (4): es decanta per la paraula general del català occidental.

71 Falco tinnunculus

- *soliguer* (4) i *xoriguer* (3) (*Falco tinnunculus*): la primera forma és pròpia del valencià i de part del català occidental i només l'empra a les rondalles. La segona, que és la normativa, a les novel·les.

Altres:

- *llaurador* (110) i *pagès* (40): la primera és exclusiva del valencià amb el significat de *pagès* que és la forma més estesa per tot el domini lingüístic.
- *marjal* (11) i *aiguamoll* (7): el primer vocable amb l'accepció d'*aiguamoll* és present al País Valencià i a Mallorca (DCVB); el segon és l'estàndard més estés segons l'ALDC i només és present en les rondalles.
- *rosada blanca* (12) i *gebre* (10): adés ja s'han exemplificat; les fa servir pràcticament el mateix nombre de vegades, encara que alguna més la usada a part del País Valencià.

72 Lactarius sanguifluus

Un cas destacat és l'equilibri en l'ús dels termes *esclata-sang* (5) i *rovelló* (5) (*Lactarius sanguifluus*). El primer es troba exclusivament a la rondalla *El llenyater de Fortaleny*, la qual cosa suggereix que Valor la va deixar en desús posteriorment per emprar la forma general *rovelló*.

Paga la pena esmentar el doblet de mots característics del valencià *indià* (7) i *titot* (4), que, tot i ser característic també de Tortosa (DCVB), s'utilitza únicament en la locució *vermell com un titot*. Quan es refereix a l'animal, Valor opta per *indià* (*Meleagris gallopavo*) Curiosament, no s'ha registrat l'ús del terme estàndard general *gall dindi* en la seua obra.

73 Meleagris gallopavo

L'escriptor valencià presenta en la seua obra exemples puntuals de doblets de geosinònims, com *llangardaix/fardatxo,* així com *pregadeu/tocacampanes.* La primera paraula de cada parella és la més estandarditzada en la literatura, mentre que la segona és típica del català occidental i, especialment, del valencià general. Resulta interessant que Valor fa ús del segon doblet dins de la mateixa novel·la, *Temps de batuda.*

Acabarem aquesta anàlisi amb conjunts de sinònims on, tot i la prevalença de formes valencianes, s'empren altres variants.

Per exemple, *llaurador* (110) i *camperol* (99) són els termes més freqüents per descriure els treballadors del camp. També utilitza *pagés* (40) del català central, *terrassà* (11) d'algunes zones del català oriental, i *agricultor* (2), que és més general a tot el territori. Moltes de les escenes de les obres literàries del mestre castallut tenen lloc al camp, als masos, per això també utilitza altres mots com *mitger* (83), *masover* (41), *bracer* (32) i *hortolà* (5) que fan referència a persones que treballen al camp.

Enric Valor recorre a diversos geosinònims per a referir-se al mot *rosada* (7): català oriental i emprat per l'estàndard literari. Entre aquestes variants, utilitza el terme valencià *ros* (9); a més de *reixiu* (1) i *reixiuada* (1) propis del valencià meridional; i *aiguatge* (1), un terme usat al Rosellonés, a l'àrea de Castelló i en parts del sud de Tarragona (ALDC).

Per descriure el fenomen meteorològic conegut com a *calamarsa,* que es refereix a la precipitació de grans de glaç arredonits i semitransparents formats en un núvol de tempesta, Enric Valor utilitza una varietat de sinònims. Els més comuns en la seua obra són *granís*, *pedra*, i *matacabra*, aquest últim emprat en el català occidental i al Pirineu oriental. A més, incorpora el terme *bruixó*, de part del català occidental.

6. Conclusions

Per concloure, es pot sostenir que l'obra d'Enric Valor representa una eina fonamental per a la revitalització del lèxic tant del valencià meridional com del valencià general i en l'aportació així al patrimoni del català general. La seua metodologia va incloure l'adopció de formes d'altres dialectes que ja formaven part de l'estàndard comú i s'havien naturalitzat arreu. Cal no oblidar el gran coneixement que tenia del català general i de l'obra de Fabra. Amb aquesta tasca, completa la iniciativa que va començar amb el diccionari *Castallut* i, posteriorment, amb altres treballs lexicogràfics i gramaticals.

Després d'analitzar les aportacions lèxiques i fraseològiques de l'obra de Valor, les dades detallades de la Tesi i els mecanismes d'estandardització utilitzats per l'autor: geosinònims, notes explicatives, etc. podem afirmar que va elaborar un model lèxic literari de referència per al català al País Valencià i que aquest era un model fabrista. Així, fomenta la normalització de la llengua i la connexió emocional i social dels parlants valencians amb aquest model de llengua.

El mestre castallut va dur a terme una tasca colossal en la regeneració de la llengua en tots els àmbits i en la creació del model lingüístic que la societat valenciana requeria, segons explica Climent (2011: 99). Aquest model és el que han adoptat institucions com el IIFV[25] i la majoria d'autors valencians des dels anys vuitanta, un estàndard composicional i policèntric.

En resum, s'hauria d'aprofitar la digitalització de l'obra literària de Valor dins del corpus de l'IVITRA i el projecte DOLEV-*Natura* per desenvolupar el diccionari dedicat a aquest autor.

25 Institut Interuniversitari de Filologia Valenciana.

7. Annexos

7.1 Fauna i flora amb denominació científica

Aquesta secció conté exclusivament aquelles espècies de fauna i flora que apareixen en les obres literàries d'Enric Valor i que han estat recollides en el DOLEV-*Natura*; identificades inequívocament amb els seus corresponents noms científics.

Animals

Mamífers:

1. **Bos taurus:** *bou, jònec, vaca, vedell*
2. **Bubalus sp:** *búfal*
3. **Camelus sp:** *camell*
4. **Canis familiaris:** *ca, cadell, gos, llebrer, mastí, perdiguer*
5. **Canis latrans:** *coiolt*
6. **Canis lupus:** *llop*
7. **Capra hircus:** *boc, cabra, cabrida, cabrit, xot*
8. **Cervus elaphus:** *cervatell*
9. **Equus asinus:** *ase, burro, ruc, somera*
10. **Equus caballus:** *bai, cavall, corser, egua, haca, haquinyol, poltre*
11. **Erinaceus sp:** *eriçó*
12. **Felis catus:** *gat*
13. **Felis sylvestris:** *cerval, gat salvatge*
14. **Gazella dorcas:** *gasela*
15. **Genetta genetta:** *geneta, papalbra*
16. **Lepus sp:** *llebre*
17. **Lynx sp:** *cerval, gat cerval, linx*
18. **Meles meles:** *teixó*
19. **Mus musculus:** *ratolí*
20. **Mustela nivalis:** *mostela*
21. **Oryctolagus coniculus:** *conill*
22. **Ovis aries:** *anyell, be, borrec, corder, mardà, moltó, ovella*
23. **Rattus sp:** *rata*
24. **Sus scrofa:** *bacó, porc, porc senglar, porcell, porquet, senglar*
25. **Vulpes vulpes:** *guineu, rabosa, rabosot*

Ocells:

1. Accipiter nisus: *esparver*
2. Alauda arvensis: *torrudana*
3. Alectoris rufa: *perdigot, perdiu*
4. Anas platyrhynchos: *collverd*
5. Anser anser: *oca*
6. Apus apus: *falcia, falcilla, falcillot*
7. Apus melba: *falcilla reial*
8. Aquila chrysaetos: *àguila reial*
9. Asio otus: *mussol banyut*
10. Athene noctua: *mussol*
11. Caprimulgus ruficollis: *saboc*
12. Carduelis cannabina: *passerell*
13. Carduelis carduelis: *cadernera*
14. Columba livia: *colom, colomí*
15. Columba palombus: *todó*
16. Corvus corax: *corb, corbató, corbessa*
17. Corvus corone: *cornella*
18. Corvus monedula: *gralla*
19. Coturnix coturnix: *guatla*
20. Cuculus canorus: *cucut, cuquello*
21. Emberiza calandra: *cruixidell*
22. Falco columbarius: *esmirla*
23. Falco communis: *falcó*
24. Falco peregrinus: *falcó reial*
25. Falco tinnunculus: *soliguer, xoriguer*
26. Fulica atra: *fotja*
27. Galerida cristata: *cogullada*
28. Gallus domesticus: *capó, gall, gallina, gramàntol, lloca, poll, polla, pollastre, pollet*
29. Garrulus glandarius: *gaig*
30. Hirundo rústica: *oronella, oroneta*
31. Larus ridibundus: *gavina*
32. Loxia curvirostra: *bectort*
33. Meleagris gallopavo: *indià, titot*
34. Merops apiaster: *abellerol*
35. Monticola solitarius: *merla blava*
36. Nycticorax nycticorax: *martinet*

37. **Oriolus oriolus:** *oriol*
38. **Otus scops:** *corneta*
39. **Passer domesticus:** *pardal, teuladí*
40. **Phantera leo:** *lleó*
41. **Pica pica:** *blanca, garsa*
42. **Picus viridis:** *pigot*
43. **Serinus serinus:** *gafarró*
44. **Streptopelia turtur:** *tórtora*
45. **Sturnus vulgaris:** *estornell*
46. **Sylvia sp:** *busquereta*
47. **Turdus merula:** *merla*
48. **Turdus philomelos:** *tord*
49. **Turdus pilaris:** *tordanxa*
50. **Turdus viscivorus:** *griva*
51. **Tyto alba:** *òbila*

Insecte i aràcnids:

1. **Apis mellifera:** *abella, abegot*
2. **Asilus crabroniformis:** *moscarda*
3. **Bombus sp:** *borinot, brumerol*
4. **Buthus occitanus:** *alacrà, escorpí*
5. **Cicada plebeja:** *cigala*
6. **Culex sp:** *marfull, mosquit*
7. **Phylloxera vastatrix:** *fil·loxera*
8. **Formica sp:** *formiga*
9. **Gryllotalpa gryllotalpa:** *alacrana*
10. **Gryllus domesticus i Gryllus campestris:** *grill*
11. **Hirudo officinalis:** *sangonera*
12. **Mantis religiosa:** *pregadeu, tocacampanes*
13. **Musca domestica:** *mosca*
14. **Pulex irritants:** *puça*
15. **Tabanus sp:** *tavà*
16. **Vespula vulgaris:** *vespa*

Rèptils i amfibis:

1. **Elaphe scalaris:** *sacre, vibra*
2. **Lacerta muralis:** *sargantana*
3. **Lacerta sp:** *fardatxo, llangardaix*

4. **Lamna nasus:** *marraix*
5. **Lophius sp:** *rap*
6. **Octopus vulgaris:** *polp*
7. **Rana sp:** *granot, granota*
8. **Vipera lastati:** *escurçó*

Peixos i mol·luscs:

1. **Auxis rochei:** *melva*
2. **Barbus:** *barb*
3. **Diplodus annularis:** *esparrall*
4. **Engraulis Encrasicolus:** *aladroc*
5. **Gadus morhua:** *bacallà*
6. **Merluccius merluccius:** *lluç*
7. **Octopus vulgaris:** *polp*
8. **Sarda sarda:** *bonítol*
9. **Sardina pilchardus:** *sardina*
10. **Scincus scincus:** *peix d'arena*
11. **Scomber scombrus:** *cavalla*
12. **Thunnus thynnus:** *tonyina*
13. **Valencia hispanica:** *samaruc*

Plantes

Arbres:

1. **Betula pendula:** *bedoll*
2. **Castanea sativa:** *castanyer*
3. **Cedrus sp:** *cedre*
4. **Ceratonia siliqua:** *garrofer*
5. **Chamaerops humilis:** *margalló*
6. **Citrus aurantiifolia:** *llimera*
7. **Citrus limon:** *llimoner*
8. **Citrus sinensis:** *taronger*
9. **Cupressus sempervirens:** *xiprer*
10. **Cydonia oblonga:** *codonyer*
11. **Fagus sylvatica:** *faig*
12. **Ficus carica:** *figuera*
13. **Juglans regia:** *noguera*
14. **Malus domestica:** *pomera*

15. Morus sp: *morera*
16. Musa paradisiaca sp sapientium: *plataner*
17. Olea europaea: *olivera, olivera borda, oliveró, ullastre*
18. Phoenix dactylifera: *palmera*
19. Pinus halepensis: *pi blanc, pi bord*
20. Pinus pinaster: *pinastre*
21. Pinus pinea: *pi donzell, pi ver*
22. Pinus sp: *pi, pinatell*
23. Pinus Sylvestris: *melis, pi melis, pi rojal*
24. Populus alba: *àlber, arbre blanc*
25. Populus nigra: *pollancre, pòpul, xop*
26. Prunus avium: *cirer, cirerer*
27. Prunus domestica: *prunera*
28. Prunus dulcis: *ametler*
29. Prunus persica: *presseguer*
30. Punica granatum: *magraner*
31. Pyrus communis: *perera*
32. Quercus faginea: *galer*
33. Quercus ilex ssp. Ilex: *alzina, alzina de fulla llarga, carrasca*
34. Quercus sp: *roure*
35. Robinia pseudoacacia: *acàcia*
36. Salix fragilis sp neotricha: *vimenera*
37. Salix sp: *salze, sàlzer*
38. Taxus baccata: *teixera*
39. Thuja orientalis: *tuia, xiprer de ventall*
40. Tilia sp: *til·lera*
41. Ulmus minur: *om*
42. Vitis vinífera: *vinya, vinyar, vinyet*

Arbustos:

1. Arbutus unedo: *arborcer*
2. Calicotome spinosa: *argelaga negra*
3. Chrysanthemum frutescens: *margarida*
4. Cistus sp: *estepa*
5. Erica sp: *bruc*
6. Juniperus communis sp communis: *ginebre*
7. Juniperus sabina: *sevina terrera, sevina xaparra*
8. Lavandula angustifolia: *espígol*

9. **Lavandula stoechas:** *tomanyí*
10. **Lonicera sp:** *lligabosc, mare-selva*
11. **Lycium europaeum:** *espinal*
12. **Nerium oleander:** *baladre*
13. **Prunus spinosa:** *aranyó, aranyoner*
14. **Quercus coccifera:** *coscoll/a*
15. **Rosa canina:** *gavarrera*
16. **Rosmarinus officinalis:** *romaní, romer*
17. **Rubus ulmifolius:** *esbarzer*
18. **Sorbus domestica:** *servera*
19. **Tamarix sp:** *tamarit*
20. **Ulex parviflorus:** *argelaga, argelaga vera*

Herbes, plantes herbàcies i fongs:

1. **Acanthus mollis L.:** *acant*
2. **Adiantum capillus veneris:** *falzia*
3. **Agave americana:** *atzavara, pitera*
4. **Allium cepa:** *ceba*
5. **Allium sativum:** *all*
6. **Aloe sp:** *assèver*
7. **Althaea officinalis:** *malví*
8. **Alyssum spinosum:** *bufalaga vera*
9. **Arisarum vulgare:** *dragontina*
10. **Arnica montana:** *arnica*
11. **Avena barbata:** *cugula*
12. **Avena sativa:** *avena, civada*
13. **Beta vulgaris sp cicla:** *bleda*
14. **Brachypodium phoenicoides:** *fenàs de marge, segadissa*
15. **Brachypodium retusum:** *fenàs, server*
16. **Brassica oleracea var. Botrytis subvar. Cauliflora:** *floricol*
17. **Brassica oleracea:** *col*
18. **Campanula sp:** *campànula*
19. **Cannabis sativa:** *cànem*
20. **Capsicum annuum:** pebre
21. **Caucalis platycarpos:** *cospí*
22. **Centaurea calcitrapa:** *abriüll*
23. **Cicer arietinum:** *cigró, cigró de saüc*
24. **Cichorium intybus:** *cama-roja*

25. Cirsium arvense: *calcida*
26. Convolvulus arvensis: *corretjola*
27. Crocus sativus: *safrà*
28. Cucurbita sp: *carabassera*
29. Cynodon dactylon: *gram*
30. Daphne gnidium: *matapoll*
31. Daucus carota: *safanòria*
32. Daucus carota sp carota: *pastanaga*
33. Delphinium ajacis: *esperó de cavaller*
34. Dianthus caryophyllus: *clavell, clavellinera*
35. Dictamnus hispanicus: *timó reial*
36. Diplotaxis erucoides: *citró*
37. Dipsacus silvestris: *cardinxa*
38. Dorycnium hirsutum: *herba coronel·la*
39. Dorycnium pentaphyllum: *botja negra*
40. Erinacea anthyllis: *cadira de pastor, eriçó*
41. Eriobotrya japonica: *nesprer*
42. Eryngium campestre: *panical*
43. Euphorbia sp: *lletrera*
44. Foeniculum vulgare: *fenoll*
45. Galactites tomentosa: *card blanc*
46. Glycyrrhiza glabra: *regalíssia*
47. Hedera sp: *hedra, heura*
48. Helichrysum stoechas: *botja fematera*
49. Helictotrichon filifolim: *serrell*
50. Hieracium pilosella: *pelosella*
51. Hordeum hexasticum i Hordeum vulgare: *ordi*
52. Hordeum murinum: *margall*
53. Imperata cylindrica: *sisca*
54. Ipomoea batatas: *moniato*
55. Iris germanica: *lliri blau*
56. Iris sp: *lliri*
57. Juncus sp: *jonc*
58. Lactarius sanguifluus: *esclata-sang, rovelló*
59. Leontopidium alpinum: *edelweiss, flor de neu*
60. Lepidium sativum: *morritort*
61. Les culinaris sp esculenta: *llentilla*
62. Linum usitatissimum: *lli*

63. **Lithospermum fruticosum:** *cua de gat, herbeta de la sang, sanguinària*
64. **Lycopersicon esculentum:** *tomaquera*
65. **Lygeum spartum:** *almasset*
66. **Malva sp:** *malva, malvera*
67. **Matricaria chamomilla:** *camamirla*
68. **Medicago sativa sp falcata:** *alfals bord o silvestre*
69. **Medicago sativa:** *alfals, herba alfals*
70. **Mentha pulegium:** *poliol*
71. **Morchella esculenta:** *múrgula*
72. **Myrtus communis:** *murta*
73. **Ocimun basilicum:** *alfàbega*
74. **Origanum vulgare:** *orenga*
75. **Oryza sativa:** *arròs*
76. **Paliurus australis:** *arn*
77. **Papaver rhoeas:** *rosella*
78. **Papaver somniferum:** *cascall*
79. **Phragmites communis:** *canyís, carrís*
80. **Pleurotus sp:** *gírgola*
81. **Portulaca oleracea:** *verdolaga*
82. **Raphanus raphanistrum:** *ravenissa*
83. **Rosa sp:** *roser*
84. **Saccharum officinarum:** *canyamel*
85. **Salvia officinalis:** *sàlvia*
86. **Satureja ortensis:** *sajolida*
87. **Saxifraga catalaunica:** *corona de reina*
88. **Secale cereale:** *sègol*
89. **Setaria verticillata:** *llapassa*
90. **Sonchus oleraceus:** *lletsó, serralla*
91. **Spinacia oleracea:** *espinac*
92. **Stipa tenacissima:** *espart*
93. **Syringa vulgaris:** *lilera*
94. **Teucrium polium:** *timó mascle*
95. **Thea sinensis:** *te*
96. **Theobroma cacao:** *cacau*
97. **Thymus piperella:** *pebrella*
98. **Thymus vulgaris:** *frígola, timó*
99. **Trifolium sp:** *trèvol*

100. **Triticum sp:** *blat, forment*
101. **Typha angustifolia i T. Latifolia:** *boga*
102. **Verbascum lychnitis:** *blenera*
103. **Viola alba:** *violeta boscana*
104. **Viola sp:** *violeta*
105. **Zea mays:** *dacsa, dacsa rosera, panís*

7.2 Unitats fraseològiques del DOLEV-Natura

Aquestes són les unitats fraseològiques incloses en el diccionari llistades per ordre alfabètic segons la paraula clau. Les possibles repeticions de qualsevol fraseologia s'han degut al fet que pertanyen a una altra categoria de locució.

1. *tenir* ***adob***
2. *per acabar-ho d'****adobar***
3. *en* ***agràs***
4. ***àguila*** *reial*
5. *ballar l'****aigua*** *al davant*
6. *cap avall l'****aigua*** *corre*
7. *fer* ***aigua***
8. *portar (tirar) l'****aigua*** *al seu molí*
9. *mudar d'****aigües***
10. *a l'****aire***
11. *a l'****aire***
12. *a l'****aire*** *lliure*
13. *castells en l'****aire***
14. ***albercoc*** *del patriarca*
15. ***alfals*** *bord o silvestre*
16. ***alls*** *durs*
17. ***alzina*** *de fulla llarga*
18. *cap d'****any***
19. *de bon* ***any***
20. ***anys*** *i anys*
21. ***anys*** *i panys*
22. *per molts* ***anys***
23. ***arbre*** *blanc*
24. ***argelaga*** *negra*
25. ***argelaga*** *vera*

26. *bram d'**ase** que no arriba al cel*
27. *com un **ase***
28. *tirar l'**ase** per la finestra*
29. ***barca** de mitjana*
30. *esperar en **barraca**/barraqueta*
31. *al **be***
32. *com el **blat** a Castella*
33. ***botes** vuitantenes*
34. ***botja** fematera*
35. ***botja** negra*
36. *anar al **bou***
37. *com un **bou***
38. *ésser un **bou***
39. *fer el **bou***
40. *fet un **bou***
41. *agafar el **bou** per les banyes*
42. *ulls de **bou***
43. ***bous** i torades*
44. *plaça de **bous***
45. *sense suc ni **bruc***
46. ***bufalaga** vera*
47. *de **caça***
48. ***caça** major*
49. ***caça** menor*
50. ***cadena** perpètua*
51. ***cadira** de pastor*
52. *donar la **calda***
53. *com un **callòs***
54. *com una **cama-roja***
55. ***camí** de*
56. ***camí** de ferradura*
57. *dur **camí***
58. *en **camí** de*
59. *fer **camí***
60. *per a tal **camí** no hi calien alforges*
61. ***camí** reial*
62. *a **camp** ras*
63. ***camp** a través*

64. *de* ***camp***
65. *com una* ***canya*** *d'haure ametles*
66. *com una* ***canya*** *de marge*
67. *pareix una* ***canya*** *d'haure nius*
68. *com a* ***canyes***
69. *no juguem amb* ***canyes*** *que ens farem tallets*
70. *el* ***cap***
71. ***carabassa*** *de quaranta dies*
72. ***card*** *blanc*
73. *fer* ***carraix***
74. *amb diners* ***carxofes*** *(refrany)*
75. *a* ***cau*** *d'orella*
76. *eixir del* ***cau***
77. *a* ***cavall***
78. *a* ***cavall***
79. *a* ***cavall*** *de*
80. *fora del* ***cavat***
81. *al* ***cel*** *sia/siga/estiga*
82. *davallar del* ***cel***
83. *davallar del* ***cel***
84. *Déu del* ***cel***
85. ***cel*** *empedrat*
86. *reina del* ***cel***
87. *posar el crit al* ***cel***
88. *com* ***cep*** *fruitós*
89. *com un* ***cigró***
90. ***cigró*** *de saüc*
91. ***cirera*** *jorovina*
92. ***cirera*** *poletana*
93. *com les* ***cireres***
94. *enganxar-se com les* ***cireres***
95. *enredar-se com les* ***cireres***
96. *en* ***clar***
97. *en* ***clar***
98. ***clar*** *i ras*
99. *a la* ***clara***
100. *entre dues* ***clarors***
101. *trencar-s'hi la* ***closca***

102. *llàgrima* ***cocodrilesca***
103. *al* ***coll***
104. *a* ***collibè***
105. ***colomí*** *sense fel*
106. *en* ***conill***
107. *deixar per* ***conills*** *verds*
108. *vida* ***conreada***
109. ***corona*** *de reina*
110. *a* ***costa*** *de*
111. ***costa*** *amunt*
112. *girar* ***costes***
113. *de* ***cria***
114. *de* ***cua*** *d'ull*
115. *cua girar* ***cua***
116. *cuc com un* ***cuc***
117. *cuc matar el* ***cuc***
118. ***dacsa*** *rosera*
119. ***despedregar*** *el camí*
120. *a* ***doll***
121. *a* ***dolls***
122. ***ennuvolar****-se el temps*
123. *fer l'****enza***
124. ***esperó*** *de cavaller*
125. *roig com l'****espiga*** *de panís*
126. ***esqueixar*** *el cor*
127. *mànegues d'****estral***
128. ***falcilla*** *reial*
129. ***falcó*** *reial*
130. ***farina*** *de força*
131. *ésser* ***faves*** *comptades*
132. *traure* ***faves*** *de l'olla*
133. *lleig com un* ***fes***
134. ***fesol*** *de la bogeta*
135. ***figa*** *de la gota de la mel*
136. *a* ***flor*** *de*
137. ***flor*** *de neu*
138. ***florejar*** *les terres*
139. ***flors*** *i violes*

140. *calar* ***foc***
141. *de* ***forment****, ni un gra*
142. *com a* ***formigues***
143. *sang* ***freda***
144. ***fruit*** *prohibit*
145. ***fruita*** *seca*
146. *alçar el* ***gall***
147. *més prompte/en més poc que canta un* ***gall***
148. *missa de* ***gall***
149. *no cantar-se'n* ***gall*** *ni gallina*
150. *cantar la* ***gallina***
151. *de* ***gallina***
152. *a* ***garberes***
153. *cercar els cinc peus al* ***gat***
154. ***gat*** *cerval*
155. *com un* ***gat*** *cerval*
156. *cua de* ***gat***
157. ***gat*** *empiulat*
158. ***gat*** *salvatge*
159. *tirar a* ***gat***
160. ***gat*** *vell*
161. ***gata*** *moixa*
162. *a (la)* ***gatamèu***
163. *trencar el* ***gel***
164. ***gelar*** *la sang*
165. *com un* ***gos***
166. *fer cara de* ***gos*** *de barraca*
167. *més content (alegre) que un* ***gos*** *amb un os*
168. *més* ***gos*** *que un pont*
169. ***gota*** *a gota*
170. ***gra*** *d'arena*
171. *fer-ne un* ***gra*** *massa*
172. *ni un* ***gra***
173. *de la* ***guitza***
174. *fer la* ***guitza***
175. ***herba*** *alfals*
176. ***herba*** *coronel·la*
177. ***herba*** *falguera*

178. *fer* ***herba***
179. ***herbeta*** *de la sang*
180. *com un* ***jonc***
181. *sol com un* ***jonc***
182. *com un* ***jònec***
183. *esmorzar com un* ***jònec***
184. *per les seues (ses)* ***jornades***
185. *com un(s)* ***llamp(s)***
186. *apegar-se com una* ***llapassa***
187. *de* ***llavor***
188. *com una* ***llebre***
189. *com les* ***llebres***
190. *fer* ***llenya***
191. ***llenya*** *terrera*
192. *com un* ***lleó***
193. *la part del* ***lleó***
194. ***lliri*** *blau*
195. *boca de* ***llop***
196. *com una gola de* ***llop***
197. ***llop*** *de mar*
198. *com una* ***llosa***
199. *baldat com un* ***lluç***
200. ***lluna*** *de mel*
201. *mitja* ***lluna***
202. ***lluna*** *plena*
203. *com un* ***lluquet***
204. *com un albadoc de* ***magraner***
205. *cara de* ***magranetes*** *agres*
206. *fer* ***mallada***
207. *alta* ***mar***
208. *fer-se a la* ***mar***
209. *fet un* ***margalló***
210. *al* ***marge***
211. ***merla*** *blava*
212. *amb la* ***mosca*** *al nas*
213. *matar una* ***mosca***
214. *una* ***mosca***
215. *com les* ***mosques*** *a la mel*

216. ***mussol*** *banyut*
217. *fer cara de* ***mussol***
218. *contra* ***natura***
219. ***neu*** *borda*
220. ***niu*** *de metralladores*
221. *fer* ***niu***
222. *a* ***núvol***
223. *als (en els)* ***núvols***
224. *anar-se'n pels* ***núvols***
225. *pels (als)* ***núvols***
226. *més toix que una* ***òbila***
227. *a vista d'****ocell***
228. *com un* ***ocell*** *engabiat*
229. *matar dos* ***ocells*** *d'un sol tir*
230. *l'****oli*** *diu al vi: vineací cosí*
231. *escampar-se com una taca d'****oli***
232. ***oliva*** *del cuquello*
233. ***olivera*** *borda*
234. *aclarir-se l'****oratge***
235. *girar-se l'****oratge***
236. *partir (trencar)* ***palletes***
237. *com un* ***palloc***
238. *no hi veure's un* ***pallús***
239. *fer la* ***palometa***
240. *com un* ***papagai***
241. ***pardal*** *descuat*
242. *tenir* ***pardals*** *al cap*
243. *a* ***passabarranc***
244. *cobrar pel* ***pebre***
245. ***pebre*** *roig*
246. ***pedra*** *codissa*
247. *de* ***pedra***
248. *de* ***pedra*** *seca*
249. ***pedra*** *de toc*
250. ***pedra*** *marbre*
251. ***pedra*** *picada*
252. *tancar a* ***pedra*** *i puny*
253. *tirar la* ***pedra*** *i amagar la mà*

254. *com el* ***peix*** *a l'aigua*
255. ***peix*** *d'arena*
256. ***peix*** *gros*
257. *no ésser ni carn ni* ***peix***
258. *llavadora de* ***penya***
259. *com una* ***pera*** *en un tabac*
260. *un no com un* ***perelló***
261. ***perera*** *tendral*
262. ***pi*** *blanc*
263. ***pi*** *bord*
264. ***pi*** *donzell*
265. ***pi*** *melis*
266. ***pi*** *rojal*
267. ***pi*** *ver*
268. *ésser del* ***pinyol*** *amarg*
269. *ésser del* ***pinyol*** *dins*
270. *a peu* ***pla***
271. *de* ***pla***
272. *de* ***pla***
273. ***plana*** *major*
274. ***plantar*** *cara*
275. *ben* ***plantat***
276. ***ploga*** *o neve*
277. *de* ***ploma***
278. *fer* ***plomes***
279. ***ploure*** *del cel*
280. ***ploure*** *sobre mullat*
281. *cos de* ***podadora***
282. *com un* ***poll***
283. *més torbat que un* ***poll***
284. ***poma*** *d'hivern*
285. ***poma*** *de Sant Joan*
286. ***porc*** *senglar*
287. *a* ***posta***
288. ***primavera*** *d'hivern*
289. *no dir ni* ***pruna***
290. *com una* ***rabosa***
291. *a* ***raig***

292. ***raig** de Sant Martí*
293. ***raig** X*
294. *de **rapinya***
295. *com una **rata***
296. *com a **rates***
297. *gelat com un **rave***
298. *com (per, en) un **rellamp***
299. *com un **rellampec***
300. *com a **ribes***
301. *arribar la sang al **riu***
302. *com una **roca***
303. ***rosada** blanca*
304. *com a **roselles***
305. *de **rostoll***
306. *baldat com un **ruc***
307. *a bot de **sacre***
308. *picar un **sacre***
309. *en **saó***
310. *a la **saó***
311. *no alçar una **sargantana** de la cua*
312. ***serp** de mar*
313. ***sevina** terrera*
314. ***sevina** xaparra*
315. *com un **soc***
316. *de **soca** i arrel*
317. *com un **sol***
318. ***sol** de justícia*
319. *de **sol** a sol*
320. *de **sol** a sol*
321. ***sol** ixent*
322. *pegar-li-la al **sol** del migdia*
323. *de **suro***
324. *gros com un **teixó***
325. *de la **terra***
326. ***terra** ferma*
327. ***terra** fetge*
328. ***terra** roja*
329. ***timó** mascle*

330. ***timó*** *reial*
331. *vermell com un* ***titot***
332. *fet un* ***tocacampanes***
333. *baldat com un* ***tonyina***
334. ***tonyina*** *de sorra*
335. *fet una* ***tonyina***
336. *menjar com un* ***tro***
337. *veu de* ***tro***
338. *com un* ***tronc***
339. *ésser un* ***tronc***
340. ***vaques*** *grasses*
341. *amb bon* ***vent***
342. *bon* ***vent*** *i barca nova*
343. *com el* ***vent***
344. ***vent*** *pluig*
345. ***veu*** *cantant*
346. *en la* ***vinya*** *de Déu, de tot es veu (refrany)*
347. ***violeta*** *boscana*
348. *no pesar una* ***voliana***
349. ***xiprer*** *de ventall*

7.3 Abreviatures

adj.	*adjectiu*
adv.	*adverbi*
f.	*femení*
interj.	*interjecció*
intr.	*intransitiu*
loc.	*locució*
loc. adj.	*locució adjectival*
loc. adv.	*locució adverbial*
loc. interj.	*locució interjectiva*
loc. nom.	*locució nominal*

loc. orac.	*Locució oracional*
loc. prep.	*locució preposicional*
loc. verb.	*locució verbal*
m.	*masculí*
pl.	*plural*
pron.	*pronominal*
sing.	*singular*
tr.	*transitiu*
v.	*verb*
VALOR	*Diccionaris i vocabularis d'Enric Valor*

7. Referències

Albà, J., Ferret, A., Font, F., Milà, L. i Miret, C. (2013). *Una aproximació a les campanes, els campanars i els campaners del municipi des del segle XVII al XXI*. Sant Pere de Ribes: Ajuntament de Sant Pere de Ribes. <http://campaners.com/pdf/pdf1039.pdf>, consultat 6 de març de 2023.

ALDC = Veny, J. i Pons, L. (2001–2012). *Atles lingüístic del domini català*. Barcelona: Institut d'Estudis Catalans.

Antolí, J. (2011). 'Teoria i pràctica de la lematització al Corpus Informatitzat Multilingüe de Textos Antics i Contemporanis-IVITRA', *Ítaca, revista de Filologia*, 2, 253–269.

Balaguer, E. (2011). 'Enric Valor i la literaturització d'Aitana', *Ítaca, revista de Filologia*, 2, 45–62.

Bigas, M. i Milian, M. (1996). *Anàlisi morfolèxica dels noms de planta*. Barcelona: Institut d'Estudis Catalans.

Cáceres, P. (2010). 'Un sabio de campo', *El Mundo*, <http://www.elmundo.es/especiales/2010/03/cultura/miguel_delibes/sabio.html>, consultat 3 de juny 2023.

Casanova, E. (1996). 'Aportacions d'Enric Valor a la lexicografia catalana: el Vocabulari Castallut de 1948 d'Enric Valor i Josep Giner'. Dins de Carbonell, A. (ed.), *Actes del simposi d'estudi i festa Enric Valor*, pp. 157–180. Alacant: Diputació d'Alacant.

Casanova, E. (2002). 'Enric Valor, lexicògraf, salvador del lèxic i etimòleg'. Dins de Casanova, E. i Mora, R. i Sanchis, J. (eds.), *Enric Valor, un home de poble*, pp. 189–224. Agullent / València: Denes / IEVA

Casanova, E. (2010). 'La contribució d'Enric Valor a la lexicografia catalanovalenciana'. Dins de Cantó, V. *et al.* (ed.), *Enric Valor. El valor de les paraules*, p. 168. València Acadèmia Valenciana de la Llengua.

Casanova, E. (2011). 'La riquesa lèxica de l'obra valoriana', dins de Lluch, G i Baldaquí, Josep M. (eds.), *Nova Reflexió sobre l'obra d'Enric Valor*, p. 71. Alacant: Institut Interuniversitari de Filologia Valenciana.

Cascant, J. V. (2014) 'El lèxic de l'olivera, l'oliva i l'oli al Comtat'. Dins d'*Alberri*, 24, pp. 123– 211. Cocentaina: Centre d'Estudis Contestans (CEC), Institut Juan Gil Albert.

CIMTAC = Martines, J. i Martines, V. (dirs.); Fuster., M. A. i Sánchez, E. (adj.) *Corpus Informatitzat Multilingüe de Textos Antics i Contemporanis.* Alacant: ISIC-IVITRA.

Climent, J. D. (2011). *Enric Valor. Estudi i compromís per la llengua.* València: Acadèmia Valenciana de la Llengua.

Colomina, J. (1995). *Els valencians i la llengua normativa.* Alacant: Generalitat Valenciana.

Colomina, J. (1996). 'El lèxic valencià en l'obra d'Enric Valor'. Dins de Carbonell, A. (ed.), *Actes del simposi d'estudi i festa Enric Valor*, pp. 223–237. Alacant: Diputació d'Alacant.

Colomina, J. (2010). 'Enric Valor i el lèxic normatiu'. Dins d'*Enric Valor, el valor de les paraules,* pp. 152–167. Alacant: Acadèmia Valenciana de la llengua.

Conca, M. (1996). 'La riquesa fraseològica en la producció rondallística d'Enric Valor'. Dins de Carbonell, A. (ed.), *Actes del simposi d'estudi i festa Enric Valor,* pp. 47–60. Alacant: Diputació d'Alacant.

Coromines, J. (1989–1997). *Onomasticon Cataloniae – Els noms de lloc i noms de persona de totes les terres de llengua catalana*, 8 vol. Barcelona: Curial/La Caixa.

Corpas, G. (1996). *Manual de fraseologia espanyola.* Madrid: Gredos.

CTILC = Rafel, J. (dir.), *Corpus Textual Informatitzat de la Llengua Catalana*, Barcelona, Institut d'Estudis Catalans, <http://ctilc.iec.cat/>, consultat 21 de juliol de 2023.

DCVB = Alcover, A. M. i Moll, F. de B. (1930–1962). *Diccionari Català-Valencià-Balear.* Palma de Mallorca: Moll.

DECAT = Coromines, Joan (1995) *Diccionari etimològic i complementari de la llengua catalana*, 10 vol., Barcelona, Curial edicions catalanes/ La Caixa.

DDLC = *Diccionari descriptiu de la llengua catalana* (1985–), Institut d'Estudis Catalans, <http://dcc.iec.cat/ddlc/index.asp>, consultat 2 de juny de 2023.

Delibes, M. (1976). *S.O.S. El sentido del progreso desde mi obra.* Barcelona: Destino.

DFerrerPastor, v. Ferrer Pastor, F. (1985).

DIEC2 = *Diccionari de la Llengua Catalana* (2007), Institut d'Estudis Catalans, <http://dlc.iec.cat>, consultat 30 d'agost de 2023.

DGMG (1981), v. Martí Gadea, J. (1891).

DNV = *Diccionari Normatiu Valencià* (2014), Acadèmia Valenciana de la Llengua, <http://www.avl.gva.es/dnv>, consultat 5 de setembre de 2023.

Fabra, P. (1932). *Diccionari General de la Llengua Catalana*. Barcelona: Llibreria Catalònia.

Ferrando, A. (1997). 'Enric Valor i Vives: La passió de la llengua a través de la literatura', *Canelobre* 37–38, 11–14.

Ferrando, A. (2000). 'L'herència d'un home de lletres. Una vida i una obra arrelades a un país', *Quadern*, 120, *el País*.

Ferrer Pastor, F. (1985). *Diccionari general*, València: Fermar.

Fuster Ortuño, M. A. (2010). 'L'aplicació de les noves tecnologies a l'edició i traducció de textos: Curial e Güelfa'. Dins de Benedetto, N. i Ravasini, I. (eds.), *Da Papa Borgia a Borgia Papa. Letteratura, lingua e traduzione a Valencia*, p. 245– 264. Lecce (Itàlia): Pensa MultiMedia Editrice.

Fuster Ortuño, M. À. i Sánchez López, E. (2012). 'La fraseologia vista des d'una doble perspectiva: sincrònica i diacrònica', *eHumanista/IVITRA*, 2, 185–201.

Fuster Ortuño, M. À. i Sánchez López, E. (2014). 'Estudi de les unitats fraseològiques de la tercera esfera des d'una perspectiva diacrònica', *Caplletra: Revista Internacional de Filologia*, 56, 243–267.

GDLC = *Gran diccionari de la llengua catalana* (1998). Barcelona: Enciclopèdia Catalana.

Giner, J. (1971) . Pròleg a *Millorem el llenguatge*. València: Gorg.

Manent i Segimont, A. (1996). *Els noms populars dels núvols, boires i vents*. Lleida: Pages.

Martí, J. (2006). *Diccionari històric del valencià col·loquial (segles XVII, XVIII i XIX)*. València: Universitat de València.

Martí Gadea, J. (1891). *Diccionari General Valenciano-Castellano*. València.

Martines, V. i Sánchez, E. (2014). 'L'ISIC–IVITRA i el metacorpus CIMTAC. Noves aportacions a la Lingüística de Corpus', *Estudis Romànics*, 36, 423–436.

Martines, J. D. (2015). 'El Diccionari de la Natura de l'obra d'Enric *Valor*', *Mirabilia/MedTrans*, 2, 191–217

Martines, J. D. (2017a). *Diccionari de l'obra literària d'Enric Valor. La natura (DOLEV-Natura)*. Alacant: Universitat d'Alacant. <http://hdl.handle.net/10045/71409> consultat el 9 de setembre de 2023.

Martines, J. D. (2017b). 'Les novetats fraseològiques en el *DOLEV*-Natura', *eHumanista*, 316–329.

Martines, J. D. (2017c). 'Criteris per a la confecció del Diccionari de l'obra literària d'Enric Valor', *Mirabilia*, 92–118.

Martines, J. D. (2018a). 'Les novetats semàntiques en el *DOLEV*-Natura', *Mirabilia*, 55–69.

Martines, J. D. (2018b). *'Les novetats lèxiques en el DOLEV-Natura'*, eHumanista, 839–850.

Martines, J. D. (2019). *'El diccionari de l'obra literària d'Enric Valor. La natura (DOLEV-Natura). VOLUM I. Manifestacions de la natura: els fenòmens, els vents, el cel i els astres i el clima' eHumanista/Monographs*, 1–76.

Martines, J. D. (2020a). *'El diccionari de l'obra literària d'Enric Valor. La natura (DOLEV-Natura). VOLUM II. Els vegetals: els arbres i els arbustos, les herbes, els fongs, les flors, les fruites i els fruiters, les agrupacions d'arbres i plantes i les hortalisses i els cereals'*, *eHumanista/Monographs*, 1–101.

Martines, J. D. (2020b). 'El diccionari de l'obra literària d'Enric Valor. La natura (*DOLEV*-Natura). VOLUM III. Els animals', *eHumanista/Monographs*, 1–101.

Martines, J. D. (2020c). 'El diccionari de l'obra literària d'Enric Valor. La natura (*DOLEV*-Natura). VOLUM IV. El treball al camps: les eines de la faena, els oficiós del camps, l'agricultura, la collita i les accions relacionades amb les faenes del camp', *eHumanista/Monographs,* 1–66.

Martines, J. D. (2021a). 'Bilingual Dictionary of Geographical Accidents in the Literary Work of Enric Valor'. Dins de *Approaches to New Trends in Research on Catalan Studies*, pp. 229–240. Berlí (Alemanya): Peter Lang.

Martines, J. D. (2021b). 'Els aliments i l'alimentació en el diccionari de l'obra literària d'Enric Valor. La natura (*DOLEV*-Natura)'. Dins de Cortijo, A. i Antolí, J. M. (eds.), *De la innovació al cànon. Noves tendències en recerca en Filologia Catalana*, pp. 331–361. Catarroja: Editorial Afers SL.

Martines, J. D. (2022). *'El tresor lèxic d'Enric Valor'*, *Revista Valenciana de Filologia*, 6, 239–256.

Martines, J. D. (2023). 'A Characterization of Enric Valor's lexical and phraseological model: identity and standardization'. Dins de Ortega-Sánchez, D. i López-Padrón, A. (eds.), *Educación y Sociedad: claves interdisciplinaris*, pp. 933–946. Barcelona: Octaedro.

Martines, J. (2011). 'El canvi semàntic a propòsit de *enze*, *enza*: un estudi del lèxic d'Enric Valor', *Ítaca. Revista de Filologia*, 2, 143–204.

Martínez, F. i Palanca, F. (1991). *Utillatge agrícola i ramaderia. Temes d'etnografia valenciana (III)*. València: Institució Alfons el Magnànim-IVEI.

Monferrer, J. R. (1999). 'Enric Valor, referit especialment al País Valencià'. Dins de Salvador, V. i Lawick van, H. (eds.), *Valoriana. Estudis sobre l'obra de Valor*, pp. 53–71. Castelló de la Plana: Universitat Jaume I.

Montoya, B. (1996) 'La normativa fonètica del gramàtic Enric Valor'. Dins de Carbonell, A. (ed.), *Actes del simposi d'estudi i festa Enric Valor*, Alacant, Diputació d'Alacant, pp. 195–222.

Pellicer i Bataller, J. (2000) *Costumari botànic*. Picanya: edicions Bullent.

Pellicer i Bataller, J. (2004) *Costumari botànic* [2]. Picanya: edicions Bullent.

Pellicer i Bataller, J. (2004) *Costumari botànic* [3]. Picanya: edicions Bullent.

Pérez Silvestre, Ò. (2011). 'L'ambició d'Aleix i la censura: història de l'expedient 3322/59', *Ítaca. Revista de Filologia*, 2, 205–239.

Pitarch, V. (2001). 'Enric Valor: la percepció de la llengua'. Dins d'*Enric Valor (1911–2000) In Memoriam*, pp. 51–59. Barcelona: Institució de les Lletres Catalanes.

Pradilla, M. À. (2015). *La catalanofòbia. Una comunitat del segle* XXI *a la recerca de la normalitat lingüística*. Barcelona: Institut d'Estudis Catalans. Secció Filològica, Biblioteca de Dialectologia i Sociolingüística, XX.

Rafel, J. (2005). *Lexicografia*. Barcelona: Editorial UOC.

Reig, E. S. (2015). *El valencià de sempre*. Alzira: Bromera.

Romeu, X. (1976). *Breu diccionari ideològic*. Barcelona: Teide.

Salvador, V. (1999). "Laudatio acadèmica a càrrec del Dr. Vicent Salvador". Dins de Salvador, V. i Lawick van, H. (eds.), *Valoriana. Estudis sobre l'obra de Valor*, p. 17. Castelló de la Plana: Universitat Jaume I.

Salvador, V. i Van Lawick, H (eds.) (1999). *Valoriana. Estudis sobre l'obra d'Enric Valor.* Castelló de la Plana: Universitat Jaume I.

Sánchez, E. (2010). 'Lingüística de corpus i clàssics literaris: el repte d'etiquetar a llengua antiga'. Dins de Benedetto, N. i Ravasini, I (eds.), *Da Papa Borgia a Borgia Papa. Letteratura, lingua e traduzione a Valencia*, pp. 245–264. Lecce Itàlia: Pensa MultiMedia Editrice.

Sánchez, E i Antolí, J. M. (2014). 'L'exonímia en el Corpus Informatitzat Multilingüe de Textos Antics i Contemporanis (CIMTAC)'. Dins de Casanova E. i Payá E. (eds.), *Topònims entre dos llengües. L'exonímia, una manifestació de la globalitat*, pp. 157–165. València: Denes.

Segarra, M. (1999). 'Enric Valor i la llengua normativa'. Dins de Salvador, V. i Lawick van, H. (eds.), *Valoriana. Estudis sobre l'obra de Valor*, pp. 27–51. Castelló de la Plana: Universitat Jaume I.

Tarín, S. i A. Hernández i A. Navarret (1998). 'Enric Valor i Vives. Entrevista', *Tramuntana Universitària*, 4, p. 14–16.

Vallés i Xirau, J. (dir.) (2009). *Noms de plantes.* Barcelona: TERMCAT, Centre de Terminologia, <http://www.termcat.cat/ca/Diccionaris_En_Linia/191/> consultat 7 de setembre de 2023.

Valor, E. (1971). 'L'aportació valenciana a la llengua literària', *Gorg*, 15.

Valor, E. (1988). *Vocabulari fonamental.* Esplugues de Llobregat: Plaza i Janés.

Valor, E. (1989). *Vocabulari escolar de la llengua.* Carena: València.

Valor, E. (1975). *Obra literària completa*, vol 1.

Valor, E. (1976). *Obra literària completa*, vol. 2 València: Gorg.

Valor, E. (1982). "L'ambició d'Aleix". Dins: *Obra literària completa,* vol. III. València: Fernando Torres.

Valor, E. (1982). "La idea de l'emigrant". Dins: *Obra literària completa,* vol. III. València: Fernando Torres.

Valor, E. (1982). "La Foia de Castalla". Dins: *Obra literària completa,* vol. III. València: Fernando Torres.

Valor, E. (1991). "Sense la terra promesa", vol. 1. Dins: *Obra literària completa d'Enric Valor*, 8 vol. València: Tàndem.

Valor, E. (1991). "Temps de batuda", vol. 2. Dins: *Obra literària completa d'Enric Valor*, 8 vol. València: Tàndem.

Valor, E. (1991). "Enllà de l'horitzó", vol 3. Dins: *Obra literària completa d'Enric Valor*, 8 vol. València: Tàndem.

Valor, E. (2013). *Rondalles valencianes d'Enric Valor*, vol. 1. València: Bullent.

Valor, E. (2011). *Rondalles valencianes d'Enric Valor*, vol. 3. València: Bullent.

Valor, E. (2013). *Rondalles valencianes d'Enric Valor*, vol. 4. València: Bullent.

Valor, E. (2010). *Rondalles valencianes d'Enric Valor*, vol. 5. València: Bullent.

Valor, E. (2010). *Rondalles valencianes d'Enric Valor*, vol. 6. València: Bullent.

Valor, E. (2013). *Rondalles valencianes d'Enric Valor*, vol. 7. València: Bullent.

Valor, E. (2011). *Rondalles valencianes d'Enric Valor*, vol. 8. València: Bullent.

CATALAN STUDIES
IN CULTURE AND LINGUISTICS

Edited by Antonio Cortijo Ocaña

- Vol. 1 Antonio Cortijo Ocaña / Jordi M. Antolí Martínez (eds.): Approaches to New Trends in Research on Catalan Studies. Linguistics, Literature, Education and Cultural Studies. 2021.
- Vol. 2 Marco Antonio Coronel Ramos (ed.): Mito y realidad: investigaciones sobre el pensamiento dual en el mundo occidental. 2022.
- Vol. 3 Judit Freixa / M. Isabel Guardiola / Josep Martines / M. Amor Montané (eds.): Dictionarization of Catalan Neologisms. 2022.
- Vol. 4 Adolf Piquer / Adéla Koťátková (eds.): Character and Gender in Contemporary Catalan Literature. 2022.
- Vol. 5 Alejandro Llinares Planells / Guillermo López Juan (eds.): Rethinking Violence in Valencia and Catalonia. 2024.
- Vol. 6 Joan de Déu Martines Llinares: Lèxic i Natura en les narracions d'Enric Valor. 2024.

www.peterlang.com

www.ingramcontent.com/pod-product-compliance
Lightning Source LLC
LaVergne TN
LVHW050142060326
832904LV00004B/130
* 9 7 8 3 6 3 1 8 7 4 6 0 8 *